T0058426

Peace of Mind

BIBLE WORD SEARCH

FREEDOM IN JESUS

Peace of Mind

BIBLE WORD SEARCH

FREEDOM IN JESUS

LINDA PETERS

Good Books®
New York, New York

Copyright © 2022 by Hollan Publishing

All rights reserved. No part of this book may be reproduced in any manner without the express written consent of the publisher, except in the case of brief excerpts in critical reviews or articles. All inquiries should be addressed to Good Books, 307 West 36th Street, 11th Floor, New York, NY 10018.

Good Books books may be purchased in bulk at special discounts for sales promotion, corporate gifts, fund-raising, or educational purposes. Special editions can also be created to specifications. For details, contact the Special Sales Department, Good Books, 307 West 36th Street, 11th Floor, New York, NY 10018 or info@skyhorsepublishing.com.

Good Books is an imprint of Skyhorse Publishing, Inc.®, a Delaware corporation.

Visit our website at www.goodbooks.com.

10 9 8 7 6 5 4 3 2

Library of Congress Cataloging-in-Publication Data is available on file.

Print ISBN: 978-1-68099-799-6

Cover design by Joanna Williams
Cover image used under license from Shutterstock.com

Printed in China

All scripture quotations are taken from the following sources:

The Holy Bible, New International Version®, NIV®. Copyright © 1973, 1978, 1984, 2011 by Biblica, Inc.™ Used by permission of Zondervan. All rights reserved worldwide. www.zondervan.com The "NIV" and "New International Version" are trademarks registered in the United States Patent and Trademark Office by Biblica, Inc.™

The ESV® Bible (The Holy Bible, English Standard Version®), copyright © 2001 by Crossway, a publishing ministry of Good News Publishers. Used by permission. All rights reserved.

The New American Standard Bible® (NASB), Copyright © 1960, 1962, 1963, 1968, 1971, 1972, 1973, 1975, 1977, 1995 by The Lockman Foundation. Used by permission. www.Lockman.org

New Revised Standard Version Bible, copyright 1989, Division of Christian Education of the National Council of the Churches of Christ in the United States of America. Used by permission. All rights reserved.

Holy Bible, New Living Translation, copyright © 1996, 2004, 2015 by Tyndale House Foundation. Used by permission of Tyndale House Publishers, Inc., Carol Stream, Illinois 60188. All rights reserved.

The Holy Bible, King James Version. New York: American Bible Society: 1999; Bartleby.com, 2000.

Job 19:25-27

S D H S E L F R R R
H N E W O N K E M K
E W R S J K M B Z M
A O L A T E Y E S K
R L E M E R Y D S J
T N I D P Y O T M E
D L E V S Y A Y A J
B R G K E N T R E B
T O I M D S T Y P D
D N Z Y M H P N T B

I know that my redeemer lives,
and that in the end he will stand on
the earth.
And after my skin has been destroyed,
yet in my flesh I will see God;
I myself will see him
with my own eyes—I, and not another.
How my heart yearns within me!

KNOW
REDEEMER
LIVES
END
STAND
EARTH
SKIN
DESTROYED
FLESH
GOD
OWN
EYES
HEART
YEARNS

Psalm 34:18-19

B J L L Y N Y J T W G J L M
R R Y Q V R G K Y E J J S T
E E O L M S M B M D B U T L
S N A K E G L I E L O M L X
C W T C E J T H D E L Q Y D
U J A R H N S S T T P D M Y
E F R M O U H H P C O M E S
S L B J R U G E C I L J R T
Y Z D C M I B K A L R B R D
R L V R R J L L Z R O I W R
M R W D D D N M E D T S T L
R A Y B N Q B N R S L E E S
N P N R J L L O R Y X Y D B
T M Q Y R Q L X W T D L G T

The Lord is close to the brokenhearted;
he rescues those whose spirits
are crushed.
The righteous person faces many
troubles,
but the Lord comes to the rescue
each time.

LORD
CLOSE
BROKENHEARTED
RESCUES
SPIRITS
CRUSHED
RIGHTEOUS
FACES
MANY
TROUBLES
COMES
EACH
TIME

Psalm 69:33-35a

T P D T P R J E J G D K Q D
N N Q V M E Z J S E O G N T
Y M O V E V Q E S I X D X L
E V I T P A C P L Y A N X D
H V R V Q S I K V P D R D V
D E D D V S B R L R O E P J
R D A L E H E A R S H E E Q
O Y N V I Y Z J Y T Y H P N
L D Y L E U Y I R V A K N R
D Y K R N N B A O D N N S T
K Q J Z T Z E E U N M E P Y
M X Y M D W Y J R X A M N N
N P D Y Z J L Y M S M N V R

The Lord hears the needy
and does not despise his captive people.
Let heaven and earth praise him,
the seas and all that move in them,
for God will save Zion
and rebuild the cities of Judah.

LORD
HEARS
NEEDY
DESPISE
CAPTIVE
PEOPLE
HEAVEN
EARTH
PRAISE
SEAS
MOVE
GOD
SAVE
ZION
REBUILD
JUDAH

Psalm 91:14-15

D E L I V E R M D J T S D
A P D N W N Z E T K E Y M
N C R B L M L N E G X D K
S A N K W B R U D D J L T
W L M K U M C E E W R C L
E L D O Y S L S N R E Z D
R D R X E W U Y T T Y W G
R T T R O A D L O J Y B M
M T Z N C R H R O D T M Z
M J K E O W P O Q V E Z B
G C B L Y T K V N M E Y L
A P Y T X M T G A O K S X
B Y B K Y R J N G X R J T

"Because he loves me," says the Lord,
"I will rescue him;
I will protect him, for he acknowledges
my name.
He will call on me, and I will answer him;
I will be with him in trouble,
I will deliver him and honor him."

BECAUSE
LOVES
LORD
RESCUE
PROTECT
ACKNOWLEDGES
NAME
CALL
ANSWER
TROUBLE
DELIVER
HONOR

Psalm 107:13-14

T B R O K E V Y S
D A R K N E S S W
T S L O X L E N B
R A C J U R O T P
O V Y H T G D R R
U E A S A E H E D
B D I W I I T T M
L D M R A T N R G
E W C B U Y P S T

Then they cried to the Lord in their trouble,
and he saved them from their distress.
He brought them out of darkness, the utter darkness,
and broke away their chains.

CRIED
LORD
TROUBLE
SAVED
DISTRESS
BROUGHT
DARKNESS
UTTER
BROKE
AWAY
CHAINS

Psalm 107:15-16

N Z P R L T T J N S W D V Y W
G Q N J Y Y T Y R T M M M L M
J W G K J H N A T N R T X T N
T D K N A R B D T G Q T T R B
B R N N I D E E D S G P M R K
L X K O Q L S W G D W I W R Y
U S T R T K I M R T Y L V D R
F N W I A G M A N K I N D E M
R N N E A V H R F G L N W O D
E N R T G M B G B N D O Y Y R
D B E S T U C R U T U R V X M
N S W P K R O K W O G N O E X
O M Q R Z N M N P B R D D L K
W R L L Z Q D Y K R Z H J V Y
Q P J E M X W L J R T J T D N

Let them give thanks to the Lord for his unfailing love
and his wonderful deeds for mankind,
for he breaks down gates of bronze
and cuts through bars of iron.

GIVE
THANKS
LORD
UNFAILING
LOVE
WONDERFUL
DEEDS
MANKIND
BREAKS
DOWN
GATES
BRONZE
CUTS
THROUGH
BARS
IRON

Psalm 118:5-7a

Y	A	P	E	O	P	L	E	R
E	M	N	L	O	R	D	S	Q
S	P	T	S	E	W	S	B	P
M	E	R	E	W	E	H	L	D
S	E	R	A	R	E	R	A	L
H	F	R	T	Y	A	R	L	T
T	E	S	E	E	E	F	E	T
T	I	L	F	T	T	D	O	D
D	P	V	P	V	M	V	B	R

In my distress I prayed to the Lord,
and the Lord answered me and set
me free.
The Lord is for me, so I will have no fear.
What can mere people do to me?
Yes, the Lord is for me; he will help me.

DISTRESS
PRAYED
LORD
ANSWERED
SET
FREE
FOR
FEAR
WHAT
MERE
PEOPLE
YES
HELP

Isaiah 4:2

R V B S Y X T M L T X D
H Q S R U H W U R Z T X
C G Z R A O F P R I D E
N L L T O I I R D T L B
A O X O T V N R I A N Y
R R L U R Y I U O R Y R
B Y A E W D R V R L G T
T E Z L A F R Y R M G Z
B B A Z N R X Q K U Z N
L N R R P V S Q X K S K
D P Y Y M R G I J G V B

In that day the Branch of the Lord will be beautiful and glorious, and the fruit of the land will be the pride and glory of the survivors in Israel.

THAT
DAY
BRANCH
LORD
BEAUTIFUL
GLORIOUS
FRUIT
LAND
PRIDE
GLORY
SURVIVORS
ISRAEL

Isaiah 9:2

D T X N B H J D O D
D E K L A W A H J D
P M V V I R W S T J
J E E I K G H T Y M
T R O N L I H V Z D
Q H E P N G L T E Y
Y S O E L A R E Y B
S E D S N E P E G P
Q E T D E Q J Q A T
K N Z D Y K N L D T

The people who walked in darkness
have seen a great light;
those who lived in a land of deep
darkness—
on them light has shined.

PEOPLE
WHO
WALKED
DARKNESS
HAVE
SEEN
GREAT
LIGHT
THOSE
LIVED
LAND
DEEP
SHINED

Isaiah 9:6

D G G M I G H T Y Y G L X
S H O U L D E R S N R O B
R W D V T D N G I Y R J G
E J O S E D P T T O Y D Y
H Y E N E R S E L N P K M
T R O L D A N E A R D D R
A S L G L E S M I C C J B
F A L R I N R N E H E Y L
C B E N U V C F I N T M D
L V M O N E E L U W T D M
E B C R B J D N T L B P Z

For a child is born to us,
a son is given to us.
The government will rest on his shoulders.
And he will be called:
Wonderful Counselor, Mighty God,
Everlasting Father, Prince of Peace.

CHILD
BORN
SON
GIVEN
GOVERNMENT
REST
SHOULDERS
CALLED
WONDERFUL
COUNSELOR
MIGHTY
GOD
EVERLASTING
FATHER
PRINCE
PEACE

Isaiah 25:7-8a

M Y T B M Y X P L R R Y K P
N O M B R E V E R O F J D T
X M U N M R L O Y L M U Z N
D N M N Q Q T P P T O Y S V
Y A J G T R M L W R D N Q X
O M E T S A C E H J O S W G
R Z Y R X K I S M I W L Z M
T R V J P N K N T A A B G B
S H E E T S W A L D Y L Y J
E M D V D P N L M Q E D L T
D J B J O P O D W R R A R X
T L J M K W Z K J G R X T K
W N L T Q J B B W N B B J H

And he will destroy on this mountain
the shroud that is cast over all peoples,
the sheet that is spread over all nations;
he will swallow up death forever.

DESTROY
MOUNTAIN
SHROUD
CAST
OVER
ALL
PEOPLES
SHEET
SPREAD
NATIONS
SWALLOW
DEATH
FOREVER

Isaiah 25:8b

F E W A W A Y E
A A I G O D C N
C R P N M A E Y
E T E E R K S Z
S H K G O R D D
L A S P A P R L
T I S E Y O L Y
D L T M L A X E

Then the Lord God will wipe away the tears from all faces,
and the disgrace of his people he will take away from
all the earth,
for the Lord has spoken.

LORD
GOD
WIPE
AWAY
TEARS
ALL
FACES
DISGRACE
PEOPLE
TAKE
EARTH
SPOKEN

Isaiah 42:1, 4

T J T T D M G W N X D T J Y
E S U F T G D E L I G H T S
A L E S A E A R T H J N T D
C N X R T I R L N B Z Q E N
H M M M V I N R M R T H E T
I P P N Z A C T M K S S G L
N M Q T A T N E N U O D U Q
G P W B I T B T R H L O Z N
P T A R J D I C C O S G P D
T D I X M N T O H Q N Z W N
N P T Y M R T P N I T J K B
S P L M Z T U W R S J T L M
V R M Z M J Y B N N N V T X

Here is my servant, whom I uphold,
my chosen, in whom my soul delights;
I have put my spirit upon him;
he will bring forth justice to the nations.
He will not grow faint or be crushed
until he has established justice in the earth;
and the coastlands wait for his teaching.

SERVANT
UPHOLD
CHOSEN
SOUL
DELIGHTS
SPIRIT
BRING
JUSTICE
NATIONS
FAINT
CRUSHED
EARTH
WAIT
TEACHING

Isaiah 51:5

G P J D I S T A N T M
N S O U M G N O R T S
I A D W S E I T I A W
M Z T N E T R H O P E
O G O I A R I C L J N
C O N V O L F C Y L T
S Y L I A N O U E Q P
Y A L D R D S O L P L
S J M D M B Z R K L M

"My mercy and justice are coming soon.
My salvation is on the way.
My strong arm will bring justice to the nations.
All distant lands will look to me
and wait in hope for my powerful arm."

MERCY
JUSTICE
COMING
SOON
SALVATION
STRONG
ARM
BRING
NATIONS
DISTANT
LANDS
LOOK
WAIT
HOPE
POWERFUL

Isaiah 52:2-3

Y K N D E Y N R Q J M R G
T O R O E K E O E T M D M
D O U N T T A R I K J J B
L E O R H H U H C Z G D J
L M M G S S I A S B Y R Q
J O U E A E P N O G Q Z N
Y A O L E T L N G N W J M
D L E S I D D F E S I R B
M M G V E S E C M D L O S
R K E N D T K R T S U D T

Shake yourself from the dust, rise up,
O captive Jerusalem;
loose the bonds from your neck,
O captive daughter Zion!

For thus says the Lord: You were sold
for nothing, and you shall be redeemed
without money.

SHAKE
YOURSELF
DUST
RISE
CAPTIVE
JERUSALEM
LOOSE
BONDS
NECK
DAUGHTER
ZION
LORD
SOLD
NOTHING
REDEEMED
MONEY

Isaiah 52:10

S E M J R D K K Y
A E Z S R L B W M
L S N O I T A N J
V D L H E G J L G
A D M E O N H O V
T X E A Y L D T D
I B R R L Y Y S W
O M T T A L V M D
N M R H L B P T T

The Lord has bared His holy arm
In the sight of all the nations,
So that all the ends of the earth may see
The salvation of our God.

LORD
BARED
HOLY
ARM
SIGHT
ALL
NATIONS
ENDS
EARTH
SEE
SALVATION
GOD

Isaiah 61:1

N G I E R E V O S K D D D
P D M D M P C T M Z D E L
S R Z W O V I O Q L T M D
E D I O P R L D M R N E D
V E R S I R E Y A F S T S
I E P P O T O E L A O W L
T R S R N N H C E R E R Z
P F L I D N E L L N R K T
A R O Y E O E R Q A T M V
C N L K Q R O G S X I X R
A W O V R R T G K Y N M Y
N R R L J Y P T R R J T V
B G D Y R Q J J L G Q B Y

The Spirit of the Sovereign Lord is upon me,
for the Lord has anointed me
to bring good news to the poor.
He has sent me to comfort the brokenhearted
and to proclaim that captives will be released
and prisoners will be freed.

SPIRIT
SOVEREIGN
LORD
ANOINTED
GOOD
NEWS
POOR
COMFORT
BROKENHEARTED
PROCLAIM
CAPTIVES
RELEASED
PRISONERS
FREED

Jeremiah 23:5

T Q T Y L G V W R G E R
S U O E T H G I R X E C
L A E D D Z T V E C O T
Z M M B V Y Y C I M G R
H N R K Y L U T I Q E R
D C Y G E T S N K I N G
A J N S E U G Y G S M P
V D I A J R L N Y R Q G
I W R L R E A A W L J D
D B A O R B D I D B G P
P N L U L Y K D S G M M
D Q S M K G G T N E Z P

The days are surely coming, says the Lord, when I will raise up for David a righteous Branch, and he shall reign as king and deal wisely, and shall execute justice and righteousness in the land.

DAYS
SURELY
COMING
LORD
RAISE
DAVID
RIGHTEOUS
BRANCH
REIGN
KING
DEAL
WISELY
EXECUTE
JUSTICE
LAND

Jeremiah 23:6

H M W E Y N D N Y Y W R J R
A D Z V D W N N S Z R M I K
D Y E I W J I A D Q J G D M
U X N L T T F L Z W H I C H
J X M N L E R Y L T L D B Y
L T D Y T A P J E E E J T M
G Q Y Y L Z C O A V G Z Y R
T Y X P R M U R A L Z K M B
N X D P X S S S D T O Y M B
T K M M N I L N N A T R R J
Z M D E Z D Z Y P A Y L D B
Z L S D Q N Y P W B M S X N
D S R Y L N R V D Y L E T D

In his days Judah will be saved and Israel will live in safety. And this is the name by which he will be called: "The Lord is our righteousness."

DAYS
JUDAH
WILL
SAVED
ISRAEL
LIVE
SAFETY
NAME
WHICH
CALLED
LORD
RIGHTEOUSNESS

Micah 5:4-5a

H D Z N L F E V W Z L V Z
T R K Y L M Z N Y V Z X T
G O Y O A K X X T G G J L
N L C N A H L R G A N N J
E K T M S R T D E R E Y Q
R L B Q A H I R T M B R J
T O N E T J E S A Y A N G
S E C A E P E P E E Y I M
D B T L Y L N S H P J T N
Z Y T R T D D D T E L Y R
R T M J X T S L G Y R M Y
J X Q L N Q Y Z B R T D B

And He will arise and shepherd His flock
In the strength of the Lord,
In the majesty of the name of the Lord
His God.
And they will remain,
Because at that time He will be great
To the ends of the earth.
This One will be our peace.

ARISE
SHEPHERD
FLOCK
STRENGTH
LORD
MAJESTY
NAME
REMAIN
GREAT
ENDS
EARTH
ONE
PEACE

Zechariah 9:9

M S U O E T H G I R Q T Y
R E S A L V A T I O N N W
E T L T T G R E A T L Y N
T D Z A Z N C Y E K N O D
H C L I S I C O M I N G Y
G O Q O O U T R I U M P H
U L L J H N R H U M B L E
A T E N J E Y E S H O U T
D R G N I K B D J L R X N

Rejoice greatly, daughter of Zion!
Shout in triumph, daughter of Jerusalem!
Behold, your king is coming to you;
He is righteous and endowed with salvation,
Humble, and mounted on a donkey,
Even on a colt, the foal of a donkey.

REJOICE
GREATLY
DAUGHTER
ZION
SHOUT
TRIUMPH
JERUSALEM
BEHOLD
KING
COMING
RIGHTEOUS
SALVATION
HUMBLE
DONKEY
COLT

Malachi 4:2

S S E N S U O E T H G I R
G C W X Z H E A L I N G J
N A I T D K E R E Y O J G
I L N P I R A S R E J M D
P V G L U E I J E W M B V
A E S T F R N R I O U T B
E S S U E D F L P Q J N N
L A Z M N M L P N M R M D
P T A Z L K Q Y K N Y T J
B N R M D V Z V R G D Y Q

"But for you who fear my name, the Sun of Righteousness will rise with healing in his wings. And you will go free, leaping with joy like calves let out to pasture."

FEAR
NAME
SUN
RIGHTEOUSNESS
RISE
HEALING
WINGS
WILL
FREE
LEAPING
JOY
LIKE
CALVES
OUT
PASTURE

Matthew 10:7-8

M H B L S N O M E D R W J
O E E M E M B Y N A J D Y
D A K G Y P C B I L W Z L
G V P D A L R S Y J Z W J
N E Q R E S E O P Y N X W
I N Q A O V S E S M D N G
K E N J D C I E R Y L W Y
L S M A Y G L E M F R L V
E A E O N I J A C K C I S
T D E Z C V R Q I E X T M
J L Y H T E T W P M R M Q

"As you go, proclaim this message: 'The kingdom of heaven has come near.' Heal the sick, raise the dead, cleanse those who have leprosy, drive out demons. Freely you have received; freely give."

PROCLAIM
MESSAGE
KINGDOM
HEAVEN
COME
HEAL
SICK
RAISE
DEAD
CLEANSE
LEPROSY
DEMONS
FREELY
RECEIVED
GIVE

Matthew 11:28-30

H T F I N D S B G T
U R L R T O U E C B
M A A L U R N O Y G
B E W L D T M V R P
L H S E L E T S E R
E E N E A T H G I L
Q E K T A R E K O Y
D R J A X S Y D B M
M Y D J T Q Y K W Y

"Come to me, all you who are weary and burdened, and I will give you rest. Take my yoke upon you and learn from me, for I am gentle and humble in heart, and you will find rest for your souls. For my yoke is easy and my burden is light."

COME
WEARY
BURDENED
REST
TAKE
YOKE
LEARN
GENTLE
HUMBLE
HEART
FIND
SOULS
EASY
LIGHT

Mark 5:27-29

G C L O T H E S X D Q
N B N D E D D Y D X T
I M L A E X W N D O Y
R R R E M P I O U O J
E D B Y E H P C R E B
F H K C E D H O S C L
F D E B L E I U T X J
U T E A D O S N J S Z
S R L E L N A R G B J
R G L E R E L K V N R
L Y Y K F F D Y V K L

When she heard about Jesus, she came up behind him in the crowd and touched his cloak, because she thought, "If I just touch his clothes, I will be healed." Immediately her bleeding stopped and she felt in her body that she was freed from her suffering.

HEARD
JESUS
BEHIND
CROWD
TOUCHED
CLOAK
CLOTHES
HEALED
BLEEDING
STOPPED
FELT
BODY
FREED
SUFFERING

Mark 5:33-34

H S D M P Q K Z T P X D
E Y U E T N D R N N B R
A R A F O R E R A E F J
L C E W F M U M B H N D
E V I T B E O T T R L G
D N E L H W R I H F L Q
G E I L T G A I E M A C
T N E E O F U L N Q L G
G N E R W H L A R G N N
Q F N J F D W M D P D Y

Then the woman, knowing what had happened to her, came and fell at his feet and, trembling with fear, told him the whole truth. He said to her, "Daughter, your faith has healed you. Go in peace and be freed from your suffering."

WOMAN
KNOWING
CAME
FELL
FEET
TREMBLING
FEAR
WHOLE
TRUTH
DAUGHTER
FAITH
HEALED
PEACE
FREED
SUFFERING

Luke 2:11-12

M D L R Y G C G N B Y D R
P K D V Y L N L N W O T D
D N X E S A V I O R L R D
Y M M H P N W J Y T T Z N
R P J G A P B Y L L H R T
Y L L D L I A B D J N S R
D K T O D D S R V X L E P
I L R F O Y R S W N G N M
V D I T B L R M E N G X D
A N D A B L P Q A M J I K
D M B K P Y Y M Z R Y X S

"Today in the town of David a Savior has been born to you; he is the Messiah, the Lord. This will be a sign to you: You will find a baby wrapped in cloths and lying in a manger."

TODAY
TOWN
DAVID
SAVIOR
BORN
MESSIAH
LORD
SIGN
FIND
BABY
WRAPPED
CLOTHS
LYING
MANGER

Luke 4:18-19

M G Y L J K J L R M P M T L
O D E S S E R P P O N T T K
D W X A J P W L V J Y E P T
E G B R N W K X J M R R W M
E T N T M O Z S Q B O L J S
R H T B Q L I T P C P Y R P
F G B L I N D N L I R T R Q
A I N G G R M A T E R I J W
V S Q O O M I V C E S I Z Q
O K O O W M D O M O D K T L
R D P R J N V V N M N Z N T
Y B R G B E Q E K Z T G Q W
B R R O R N R P T B X T K J
D P N Y L S Y L J Y R T L G

"The Spirit of the Lord is on me,
because he has anointed me
to proclaim good news to the poor.
He has sent me to proclaim freedom for
the prisoners
and recovery of sight for the blind,
to set the oppressed free,
to proclaim the year of the Lord's favor."

SPIRIT
LORD
ANOINTED
PROCLAIM
GOOD
NEWS
POOR
FREEDOM
PRISONERS
RECOVERY
SIGHT
BLIND
OPPRESSED
FAVOR

Luke 13:11-12

A I L M E N T C F L N Y M
D P V M Y M R R Q R E T Y
E V P J L I E V Y I M X N
L M M E P E S S G G P T L
L R Q P A R T H Z Y N L Q
A S L N A R T U N A B L E
C E P E A E E S Z S W B L
D M Y I E M T D U T N E B
Y R G N R A O S N N X Y K
P H M K N I E W L N L K X
T G R D Q J T W Q K G D M

And just then there appeared a woman with a spirit that had crippled her for eighteen years. She was bent over and was quite unable to stand up straight. When Jesus saw her, he called her over and said, "Woman, you are set free from your ailment."

APPEARED
WOMAN
SPIRIT
CRIPPLED
EIGHTEEN
YEARS
BENT
UNABLE
STAND
STRAIGHT
JESUS
CALLED
FREE
AILMENT

John 3:16-17

G D M X X R J D Y R T Z B Y
E O H B M B E L I E V E S D
Y T D S L V G Q B N C D E X
J X E D I W Y R M O B V D L
T M X R D R M Q N D A R T R
R D P N N V E D W S G H K D
D E M M L A E P T A R L W R
E L V Q V M L P V O J Y L V
O F R E N Y D E U M X T S K
N B I O O D J G L O V E D R
L L V L W H H B N J N N O S
Y P V B M T W Q P D K T Y L

"For God so loved the world, that he gave his only Son, that whoever believes in him should not perish but have eternal life. For God did not send his Son into the world to condemn the world, but in order that the world might be saved through him."

GOD
LOVED
WORLD
GAVE
ONLY
SON
WHOEVER
BELIEVES
PERISH
ETERNAL
LIFE
SEND
CONDEMN
SAVED
THROUGH

John 6:35

Y L R T Q B M B R S D X
S I L B J V Z R E A W Q
E F D N Z J J M E N K G
V E R R X E O R T G K P
E T B E S C B L Q L X M
I Y X U V D H T T K Q V
L K S J B E H U G D X Q
E R L S N I O N N R Z R
B Y A R R R B H E G W B
G I Z S B G W V W I R G
D G T J W D E V L D X Y
X Y R D B N R L W R V L

Jesus said to them, "I am the bread of life. Whoever comes to me will never be hungry, and whoever believes in me will never be thirsty."

JESUS
SAID
BREAD
LIFE
WHOEVER
COMES
WILL
NEVER
HUNGRY
BELIEVES
THIRSTY

John 6:51

H B R D S T R L E J N M
S N R I L E C V E F I L
E N H E V R I A L N P L
L T W E A G O I M J N P
F Q R O J D V W Y E P R
B O S R D I H E A V E N
F L T E N O Y N A W Y J
Q I A G L N W M I X X R
L V E X B G Y L K V P X
G E D N W M L D N Q T Q

"I am the living bread that came down from heaven. If anyone eats of this bread, he will live forever. And the bread that I will give for the life of the world is my flesh."

LIVING
BREAD
CAME
DOWN
HEAVEN
ANYONE
EATS
THIS
WILL
LIVE
FOREVER
GIVE
LIFE
WORLD
FLESH

John 8:12

D R T H G I L P E R O M D
E A M B Q G R M D Z B J X
W L R L B E C A U S E R V
O N P K I D Z K K L S P P
R S T O N F X B M U M P D
L D T L E E E K S E M Z W
D A B Z D P S E X Q C A W
W E M K B L J S F W L N E
L L X M T Y S O L K D V O
G Y Y L T Y L P Y X A D B
Z D Q Q X L T T O H J K B
X J P W O V R R N K V W G
P J R W D G V N J M E R B

Jesus spoke to the people once more and said, "I am the light of the world. If you follow me, you won't have to walk in darkness, because you will have the light that leads to life."

JESUS
SPOKE
PEOPLE
ONCE
MORE
LIGHT
WORLD
FOLLOW
WALK
DARKNESS
BECAUSE
HAVE
LEADS
LIFE

John 8:31-32

L M B Z J D K Y Y Y V N D
V L N Z E E B J L D T L Y
K B D E T P S L E T B B K
G X R I L E A U N W T X B
S F M P S E A X S P S E T
T A B Y R C P C K D Y D D
R Q I R P M I M H L M E N
U G J D P L K P X I V G J
T H T B K Q Z Y L E N M Z
H J O T W N L T I E W G M
X L N L J P O L H D S Z Y
M Y N Q D J E W M E Y Y N
Y M D X R B B J M T N D Q

To the Jews who had believed him, Jesus said, "If you hold to my teaching, you are really my disciples. Then you will know the truth, and the truth will set you free."

JEWS
BELIEVED
JESUS
SAID
HOLD
TEACHING
REALLY
DISCIPLES
THEN
KNOW
TRUTH
SET
FREE

John 8:34-36

E V E R Y O N E M N W
S T N T G T P N N N P
L K J Y R R Q I S S R
A D P K N U A Y T O R
V V R V G M L I B E N
E D G L E L M Y V P E
T J J R A M H E R E N
S Q L E O X R O R D T
S E R C S O R F U Q D
M I T N F U R X Y S J
N T N S N K S M N Q E

Jesus answered them, "Truly, truly I say to you, everyone who commits sin is a slave of sin. Now the slave does not remain in the house forever; the son does remain forever. So if the Son sets you free, you really will be free.

JESUS
TRULY
EVERYONE
COMMITS
SIN
SLAVE
REMAIN
HOUSE
FOREVER
SON
SETS
FREE
REALLY

John 10:9

H C O M E F B P D
G F T L I D A S K
U T R N J S A Y M
O H D E T V S Y V
R O D U E G W E R
H S R D W L A H Y
T E L W O I Y T O
S L Y V N O L X E
R L Z D Z M G L Q

Yes, I am the gate. Those who come in through me will be saved. They will come and go freely and will find good pastures.

YES
GATE
THOSE
WHO
COME
THROUGH
WILL
SAVED
FREELY
FIND
GOOD
PASTURES

John 10:10-11

A Q Q B C Y P Y M P N
T B M S L O O C E R D
H H U X H R M E A G W
I A T N T E H E N M Q
E V M S D S P O S Z E
F E E S L A K H N N J
L D G Z T N N L E L Q
J I T O W E L T A R Y
R D F O O I A L L Y D
L G D E K D L L V Y S

"The thief comes only to steal and kill and destroy. I came that they may have life, and have it abundantly. I am the good shepherd. The good shepherd lays down his life for the sheep."

THIEF
COMES
ONLY
STEAL
KILL
DESTROY
CAME
HAVE

LIFE
ABUNDANTLY
GOOD
SHEPHERD
LAYS
DOWN
SHEEP

John 11:25-26

R G W W I L L D X T N N R
E R D X B Q I J L Y M J L
S D D D N E R R M I D M J
U E L Q L X V Y M M F D L
R Q V Y B J X S Z T M E N
R E D E E X A Q N B Y R T
E D V S R I H N J R R Q L
C R U E D Y L G B Z J Q L
T S E B I N O R U E P I T
I P S B L L E N M O V Z D
O D O D N V E D E E H E W
N N H J E L R B B K G T N
R V T N N T V R D N Y M L

Jesus said to her, "I am the resurrection and the life. Those who believe in me, even though they die, will live, and everyone who lives and believes in me will never die. Do you believe this?"

JESUS
SAID
RESURRECTION
LIFE
THOSE
BELIEVE
EVEN
THOUGH
DIE
WILL
LIVE
EVERYONE
NEVER

John 14:6-7

E B T M L D T D W P N Z R
M Y J E S U S J W K R T T
O T B B T J V L A T R O J
C L H H T U R T Y R L F K
J Y N R Y Y E V E D A Q Q
D Z B R O X Y A L T D N R
G G Q B C U L L H X E T Z
N X X E Y L G E N E G K Q
M D P Q Y L R H S W R X N
M T X K N X I O X R O L D
Z D J N L N R F H Y X N R
R P X D Z N T K E W O G K
N L D M R B K N Z W K R N

Jesus told him, "I am the way, the truth, and the life. No one can come to the Father except through me. If you had really known me, you would know who my Father is. From now on, you do know him and have seen him!"

JESUS
TOLD
WAY
TRUTH
LIFE
COME
FATHER
EXCEPT
THROUGH
REALLY
KNOWN
WHO
NOW
SEEN

John 15:1-3

E T P F A T H E R A E B
G N Y R S F Y R G R M Q
A V I T O D R A T D R B
S P U V A D R U E R O M
S C R E E D U I I B D Z
E Y R U E P F C R T B Z
M L R N N I A A E E D L
A I E E R E N R U M V N
N R N U V C S R G Q X Z
V M P E H E T J G T L Z

"I am the true grapevine, and my Father is the gardener. He cuts off every branch of mine that doesn't produce fruit, and he prunes the branches that do bear fruit so they will produce even more. You have already been pruned and purified by the message I have given you."

TRUE
GRAPEVINE
FATHER
GARDENER
CUTS
EVERY
BRANCH
MINE
PRODUCE
FRUIT
PRUNES
BEAR
MORE
ALREADY
PURIFIED
MESSAGE

Acts 2:24

E L B I S S O P M I T D
F D D P N L Z N E D N Q
R B E P D X K S O H J G
E T R S M L U G A B H P
E T U B I A E V T T O L
D X T T C A I H A W J D
K L W E M N R E E X Z R
M J B R G M D R L L W T

But God raised him up, having freed him from death, because it was impossible for him to be held in its power.

BUT
GOD
RAISED
HAVING
FREED

DEATH
BECAUSE
IMPOSSIBLE
HELD
POWER

Acts 4:12

N M R Y R V N R E S L E
T O O H R E E P M G Y J
B Q I R E H D N E V I G
W G D T T A G N D R B T
V H S O A A V G U L P B
N U I M L V L E R T Y D
M A O C T M L S N N B N
L N M V H T S A V E D Y
G G X E J X D R S D N D

"There is salvation in no one else, for there is no other name under heaven given among mortals by which we must be saved."

SALVATION
ELSE
OTHER
NAME
UNDER
HEAVEN
GIVEN
AMONG
MORTALS
WHICH
MUST
SAVED

Acts 8:22-23

Y S T H G U O H T W
S E V I T P A C I M
U T V Z R P F C N R
O K D I R E K U E M
L L H A G E T P L E
A O Y E D R E T V L
E R N N L N O I I N
J D E G T D L F I B
X S Y T Y T R S N M
S R R Z J Q X P Q N

"Repent of your wickedness and pray to the Lord. Perhaps he will forgive your evil thoughts, for I can see that you are full of bitter jealousy and are held captive by sin."

REPENT
WICKEDNESS
PRAY
LORD
FORGIVE
EVIL
THOUGHTS
FULL
BITTER
JEALOUSY
HELD
CAPTIVE
SIN

Acts 10:34-36

Y T P T M P J L J U Z
M T T R E R E E N Y A
E S I A E A F D S C P
S P C L R A E E C U L
S E P S A R C E A V S
A A I E S I P H N R E
G K B T T T T A I N S
E Q A H A E T R O N L
M N G B L I R Y A O G
D I L X O L N N R P W
R E R N G A A D D Y R

Then Peter began to speak to them: "I truly understand that God shows no partiality, but in every nation anyone who fears him and does what is right is acceptable to him. You know the message he sent to the people of Israel, preaching peace by Jesus Christ—he is Lord of all."

PETER
SPEAK
UNDERSTAND
PARTIALITY
NATION
ANYONE
FEARS
RIGHT
ACCEPTABLE
MESSAGE
ISRAEL
PREACHING
PEACE
JESUS
LORD
ALL

Acts 13:38-39

J S D R K S K S Z N D S S M
Q U E Y Q I D L S E S U T Y
E Y S T M N T E E E S Y P R
V P M T E S S R N E V N Z P
E T R I I O F E J S W Y P V
R T R O M F V X E W R L A W
Y F H J C I I V J E J Y R G
O M K R G L E C V G M V G L
N N T R O I A E A G M R W N
E M O J L U J I K T D T D Q
Q F L E Y B G R M J I B Y P
R M B W M J Y H B E X O Q X
D L J N R T D Y X V D Q N J

"Therefore, my friends, I want you to know that through Jesus the forgiveness of sins is proclaimed to you. Through him everyone who believes is set free from every sin, a justification you were not able to obtain under the law of Moses."

FRIENDS
THROUGH
JESUS
FORGIVENESS
SINS
PROCLAIMED
EVERYONE
BELIEVES
SET
FREE
EVERY
JUSTIFICATION
LAW
MOSES

Acts 15:10

Z S R T E L P R S Q G K
N J E K H U M R R P W T
T E O L T E O N E C K S
S Y I T I T N Q M X R R
E Y I T S T N W W M K W
T N H E H Y N A B L E L
G T C W M E N E N J M V
P N R A E B R O G O D N
A T T Y T K L N W L M L

Now then, why do you try to test God by putting on the necks of Gentiles a yoke that neither we nor our ancestors have been able to bear?

NOW
THEN
WHY
TRY
TEST
GOD
PUTTING
NECKS
GENTILES
YOKE
NEITHER
ANCESTORS
ABLE
BEAR

Romans 3:22b-24

D E I F I T S U J D G
Y S F A L L D Q I R N
L H J D T C X F A O W
E O B E H D F C I E P
E R G R S E E T J G Y
R T I L R U P N E M G
F S Y E O M S N N Q Y
T R N G E R T V W I J
D C O D M I Y L R R S
E D E N L T K L Q Q N
V R R E D B Q A B W T

There is no difference between Jew and Gentile, for all have sinned and fall short of the glory of God, and all are justified freely by his grace through the redemption that came by Christ Jesus.

DIFFERENCE
JEW
GENTILE
ALL
SINNED
FALL
SHORT
GLORY
GOD
JUSTIFIED
FREELY
GRACE
REDEMPTION
CHRIST
JESUS

Romans 3:25a

D E Y X E L P O E P
E T C J E S U S B M
T H N I K L L G E D
N G E M F I N V B Y
E I H E F I E L D G
S R W E D I R O P W
E R N D L A O C P L
R X E E G L M S A B
P H B B B O N X I S
S X N N J V D Q N N

For God presented Jesus as the sacrifice for sin. People are made right with God when they believe that Jesus sacrificed his life, shedding his blood.

GOD
PRESENTED
JESUS
SACRIFICE
SIN
PEOPLE
MADE
RIGHT
WHEN
BELIEVE
LIFE
SHEDDING
BLOOD

Romans 3:26b

R I G H T E O U S N E S S
N D V W G S Z B J P D Q D
B J M B T R I L R E G W J
E V E I L E B N M I H T B
T H G I R Q D O N E A S J
J T N Y R Y N W N E I F P
E S F L E S M I H G R T D
S U N L T S R G H L M S M
U J D R E L R T O T Z R T
S T A K T J D D Y D K M D
N T A D T L V B K G T R D
E M M W J L W Q D P J D Q

God did this to demonstrate his righteousness, for he himself is fair and just, and he makes sinners right in his sight when they believe in Jesus.

GOD
DEMONSTRATE
RIGHTEOUSNESS
HIMSELF
FAIR
JUST
MAKES
SINNERS
RIGHT
SIGHT
WHEN
BELIEVE
JESUS

Romans 3:28-30

D E S I C M U C R I C P
D N K H V M X J L B N L
S E L I T N E G L J K K
T H I G J I Q N E B G D
R W O F O J A W W E N O
A A O L I D S F R G T T
P L W R D T O X N R M Y
A S L W K J S N Y J T R
T O A Z D S Y U L D N B
G L R G Y P X T J Y Y Q

For we hold that one is justified by faith apart from works of the law. Or is God the God of Jews only? Is he not the God of Gentiles also? Yes, of Gentiles also, since God is one—who will justify the circumcised by faith and the uncircumcised through faith.

HOLD
JUSTIFIED
FAITH
APART
WORKS
LAW
GOD
JEWS
ONLY
GENTILES
ALSO
ONE
CIRCUMCISED

Romans 6:6-7

D O N E R S L A V E S N
D E I F I C U R C D M G
L K Y A L P E Y U P L D
O P N D W E K E M L I O
N P M O O A S B R E E T
G S I N W B Y V D F E D
E Y Q Q M K M K M S M B
R L Y D Y N B Q V T Q L

For we know that our old self was crucified with him so that the body ruled by sin might be done away with, that we should no longer be slaves to sin—because anyone who has died has been set free from sin.

KNOW
OLD
SELF
CRUCIFIED
BODY
RULED
SIN
DONE
AWAY
LONGER
SLAVES
DIED
SET
FREE

Romans 6:8-9

L O N G E R Y Y Y B M D
B Y R R W V R J Y N V D
E B D O A E I C V A B T
L E N D T I A L G Z L K
I K C S C N S A D H T Y
E M A N N H I E T W O N
V M O O I N R A D D M W
E D T S M S E I E W N B
D E A D L D P I S B Y D
T J Y L R A D D G T M L

Now if we died with Christ, we believe that we will also live with him. For we know that since Christ was raised from the dead, he cannot die again; death no longer has mastery over him.

NOW
DIED
CHRIST
BELIEVE
ALSO
LIVE
KNOW
SINCE
RAISED
DEAD
CANNOT
AGAIN
DEATH
LONGER
MASTERY

Romans 6:10-12

Y	N	B	J	Z	B	Y	Z	N	M	T	B
O	G	T	Z	Y	B	N	T	N	G	K	S
U	I	L	L	L	Q	L	R	N	N	E	E
R	E	Y	R	A	D	E	I	D	V	V	R
S	R	G	T	T	T	S	D	I	I	D	S
E	T	S	I	R	H	C	L	L	T	E	G
L	L	G	C	O	U	N	T	L	R	T	L
V	S	K	H	M	D	T	K	I	G	O	B
E	Y	U	Y	T	Z	D	S	F	B	Q	B
S	L	D	S	L	A	E	O	E	Z	P	Y
R	K	Y	O	E	D	E	Y	G	J	M	Z
Z	T	L	G	B	J	J	D	L	K	V	M

The death he died, he died to sin once for all; but the life he lives, he lives to God. In the same way, count yourselves dead to sin but alive to God in Christ Jesus. Therefore do not let sin reign in your mortal body so that you obey its evil desires.

DEATH
DIED
SIN
LIFE
LIVES
GOD
COUNT
YOURSELVES
CHRIST
JESUS
REIGN
MORTAL
BODY
OBEY
EVIL
DESIRES

Romans 6:13-14

V Y D K R Y V B M Z M Y S N
R N L R Y N Q G W V X S Z G
R R W K R Z R N R B E K S W
D N L R M A D L X N W T M K
O T N M C M R Y S D N Q P Q
M H N E E E W U R E N Y D Z
I G T E D M O L M H T A E D
N U Y N S E B U L I F E Y L
I O U B T E R E T N N N M Z
O R D H Y T R D R W V P J J
N B G N S J O P A S R E V O
B I N N R G Y L Z K G T R N
R I I M Z B D D D Z M M J R
S T R L Q D T J N Q R Z Q Q

Do not present your members to sin as instruments for unrighteousness, but present yourselves to God as those who have been brought from death to life, and your members to God as instruments for righteousness. For sin will have no dominion over you, since you are not under law but under grace.

PRESENT
MEMBERS
SIN
INSTRUMENTS
GOD
BROUGHT
DEATH
LIFE
RIGHTEOUSNESS
DOMINION
OVER
UNDER
LAW
GRACE

Romans 6:18-19a

R Y Q K N X W D Z D N G Q N
G T L V Z Y D D N N N J Q Z
I L L U S T R A T I O N M Z
N W Z P F P T E V Q R N D T
A Q E R S S W I V I N L L Y
T R E A R I L R G A P L E H
U E Y E K H N H D N L N L M
R N D T U N T B B V D S K W
E N D M B E E M O C E B N V
U R A W O T U S I N G V R Z
T N B U O D D Z S V W T Q K
N D S X G N J B L L J D M R

Now you are free from your slavery to sin, and you have become slaves to righteous living. Because of the weakness of your human nature, I am using the illustration of slavery to help you understand all this.

NOW
FREE
SLAVERY
SIN
BECOME
RIGHTEOUS
LIVING
WEAKNESS
HUMAN
NATURE
USING
ILLUSTRATION
HELP
UNDERSTAND

Romans 6:22-23

S A N C T I F I C A T I O N
G L M D Z Z S L E A D S V L
V I W V G G Z L J T B R N J
J F F Y O N V L A W J N K N
B E T T D Z N T M V J X Y G
D M S E V T M V Q R E D N D
R E E U I M T W A G E S L X
X R A U S S Z D V Y K A D N
F N R T I T R J X D N W Z W
N F W R H O T B V R N Y D D
B R H Q L N R T E I M K M Y
R C B Y M L X T S K M X N K
M B M L Y G E T B L D T B L

But now that you have been set free from sin and have become slaves of God, the fruit you get leads to sanctification and its end, eternal life. For the wages of sin is death, but the free gift of God is eternal life in Christ Jesus our Lord.

FREE
SIN
SLAVES
GOD
FRUIT
LEADS
SANCTIFICATION
ETERNAL
LIFE
WAGES
DEATH
GIFT
CHRIST
JESUS
LORD

Romans 7:6

B V M M B D M B S Q W B T
O N W B P Q N L M E P N S
U M E Y T M J T Q D R S Z
N K N E L W I L R N E V R
D I E D B R T E E N R E E
J D T L I G L W D D T X B
B G Z P T E N L X T P M R
X J S N A E O I E W O N Z
Y M Q S S K M L V R M N J
W Q E S L R A Q F A Q L T
Y D M Z M W G R B T H K N

But now we have been released from the Law, having died to that by which we were bound, so that we serve in newness of the Spirit and not in oldness of the letter.

NOW
BEEN
RELEASED
FROM
LAW
HAVING
DIED
BOUND
SERVE
NEWNESS
SPIRIT
OLDNESS
LETTER

Romans 8:1-2

N B Q P Z W T L D X D D
T O Q T B O R B Y Q B Y
I T I B H N Q T J V V N
R H K T G E S J M L B D
I O E M A I R J E S U S
P S M F R N D E A T H K
S E T H I F M T F N X L
K Q C R R L S E M O A P
T E S E P D R I D W R J
Z M E N L J T Y N N L E
J G Y K M M G W G T O J
D M B T T Q N Z M Q L C

There is therefore now no condemnation for those who are in Christ Jesus. For the law of the Spirit of life has set you free in Christ Jesus from the law of sin and death.

THEREFORE
NOW
CONDEMNATION
THOSE
CHRIST
JESUS
LAW
SPIRIT
LIFE
SET
FREE
SIN
DEATH

Romans 8:3-4

P R F L E S H G Y X V L
O L I G L L N G T M P P
W C V G O M Y T R Y N M
E L O O H D E J T D B T
R T R N F T Y T E R Y G
L G F Y D F E N B T L L
E N R U W E E O I Z E Q
S Y L A L K M R U V G J
S Y L Q A L I N I S O N
S I N E Y P Y L E N L T
D W W V S G Z P X D G X

For what the law was powerless to do because it was weakened by the flesh, God did by sending his own Son in the likeness of sinful flesh to be a sin offering. And so he condemned sin in the flesh, in order that the righteous requirement of the law might be fully met in us, who do not live according to the flesh but according to the Spirit.

LAW
POWERLESS
WEAKENED
FLESH
GOD
SON
SIN
OFFERING
CONDEMNED
RIGHTEOUS
FULLY
MET
LIVE
SPIRIT

Romans 8:15

B Y M Y Z Z J W Y F N L R D
A D O P T I O N S M E E T X
V B A M K S D T R L H A G W
N L G P R B P D X T A D R T
L V A M L G E I A Q D V V B
S K I Y B V J R R P D D E T
T O N M I D T M Z I Q P U S
V Z N E B R O U G H T O Y M
L K C S F A T H E R B R G N
L E L T H P A E W A C Y K Y
R I K L B I K B M M N X M V
D N V R Q A P X B T N L L Z
V P Y E M B P Y N A B Y V G

The Spirit you received does not make you slaves, so that you live in fear again; rather, the Spirit you received brought about your adoption to sonship. And by him we cry, "Abba, Father."

SPIRIT
RECEIVED
MAKE
SLAVES
LIVE
FEAR
AGAIN
RATHER
BROUGHT
ABOUT
ADOPTION
SONSHIP
CRY
ABBA
FATHER

Romans 8:20-21

N D P B E Y R O L G D
Y O T N E G F G P R Y
S V I P O R A N O L D
Y U O T E I T D G D N
T H B E P G T N N E K
I B B J N U I A R O O
L Z Q G E L R D E B B
I D T S L C L R T R K
T Z E I D I T A O X C
U T W J H B I E J C L
F P Q C V N T T D R T

For the creation was subjected to futility, not willingly, but because of him who subjected it, in hope that the creation itself will be set free from its bondage to corruption and obtain the freedom of the glory of the children of God.

CREATION
SUBJECTED
FUTILITY
WILLINGLY
HOPE
SET
FREE
BONDAGE
CORRUPTION
OBTAIN
GLORY
CHILDREN
GOD

Romans 11:26-27

U M E L A S U R E J T A K E
O N E G Q D S R B V S L T Y
R D G Y D N E I J E Z N Y T
E X V O I P S V R Y A N Z M
S J N S D R J U A N T E R J
C R Y T A L T X E S M L J M
U Z B E J P I V K O L Z R L
E L L Z I M O N C A D Y T J
S T Z R N C J R E R J U K J
L T C Y A W A Q B S R L Q M
M S P M B Y B V M N S T X L

And so all Israel will be saved. As the Scriptures say,
"The one who rescues will come from Jerusalem,
and he will turn Israel away from ungodliness.
And this is my covenant with them,
that I will take away their sins."

ALL
ISRAEL
SAVED
SCRIPTURES
ONE
RESCUES
COME
JERUSALEM
TURN
AWAY
UNGODLINESS
COVENANT
TAKE
SINS

1 Corinthians 1:22-24

D S Y T D E L L A C S
Z K T L S N G I S S D
N C R U C I F I E D G
S M B W M Q R N G E W
K O L R P B H H N N H
E D O Y E S L T C C G
E S C S I W I I A D B
R I K L W L O E N O M
G W O G E E R P T G V
D O L S O P J H R G M
F M B Z G D Q G D T J

For indeed Jews ask for signs and Greeks search for wisdom; but we preach Christ crucified, to Jews a stumbling block, and to Gentiles foolishness, but to those who are the called, both Jews and Greeks, Christ the power of God and the wisdom of God.

JEWS
SIGNS
GREEKS
WISDOM
PREACH
CHRIST
CRUCIFIED
STUMBLING
BLOCK
GENTILES
FOOLISHNESS
CALLED
BOTH
POWER
GOD

1 Corinthians 1:30-31

S S D O G J T W N T X W Y
A S T Q S R M E C R U O S
N E D S W T T B X P D R N
C N M X I T S J E M R O Y
T S X Y I R E A W F I X W
I U R R L S H D O T I B R
F O W D U Y E C P B R L L
I E W S N V R M W D M T M
C T V O Z B E I A T R T P
A H X Z R D S Q L C L O R
T G B B E D N D J M E J L
I I Q R O L E W N M Y B Q
O R G M P R J R Q K Y P R
N L J N X Z M B J R L Z Y

He is the source of your life in Christ Jesus, who became for us wisdom from God, and righteousness and sanctification and redemption, in order that, as it is written, "Let the one who boasts, boast in the Lord."

SOURCE
LIFE
CHRIST
JESUS
BECAME
WISDOM
GOD
RIGHTEOUSNESS
SANCTIFICATION
REDEMPTION
ORDER
WRITTEN
BOASTS
LORD

1 Corinthians 5:7-8

S M L V D H C T A B N
C A T A Y E N B T N S
E R C F V W K R M I Y
L E B R V I U C N A R
E V X E I T T C I Y L
B O Q S H F E S T W T
R S D H L R I S E S T
A S T O I I I C A F Z
T A W T U R V E E D Y
E P Y E H G Y E L D T
W X M C N P H O L J L

Get rid of the old "yeast" by removing this wicked person from among you. Then you will be like a fresh batch of dough made without yeast, which is what you really are. Christ, our Passover Lamb, has been sacrificed for us. So let us celebrate the festival, not with the old bread of wickedness and evil, but with the new bread of sincerity and truth.

OLD
YEAST
WICKED
FRESH
BATCH
DOUGH
CHRIST
PASSOVER
LAMB
SACRIFICED
CELEBRATE
FESTIVAL
EVIL
NEW
SINCERITY
TRUTH

1 Corinthians 7:22-23

C H R I S T J W Y
C R N E H W O N E
A E E G D N N N L
L E L M D R S D Y
L R P L E L O P B
E F R A A M R L H
D O G V I I B I W
W T E O C D G E T
M D B E D H D V R

And remember, if you were a slave when the Lord called you, you are now free in the Lord. And if you were free when the Lord called you, you are now a slave of Christ. God paid a high price for you, so don't be enslaved by the world.

REMEMBER
WHEN
LORD
CALLED
NOW
FREE
CHRIST
GOD
PAID
HIGH
PRICE
ENSLAVED
WORLD

1 Corinthians 8:9

G F T B D Y S G G N
D U R N E I O N K Q
B B R E H C I U E T
S L T T E L O K R L
R O R M B D A M M S
B C M M Y T O D E P
D K U E C N Y M P L
Y T X N H A W E A K
S V M N D O R B L D
L V V V W X W E J M

But take care that this freedom of yours does not somehow become a stumbling block to the weak.

BUT
TAKE
CARE
THIS
FREEDOM
YOURS
SOMEHOW
BECOME
STUMBLING
BLOCK
WEAK

1 Corinthians 9:1-3

A D L R V L B B D L J V
P E J B E Q O P R U R Y
O F E T D S S R D R T D
S E E S N U U G D L Q T
T N R W R R M L R N B L
L S F E O E Q N T M V D
E E L N N R H J E S U S
W Y E T L Y K T N B M D
M E J Y D A J Y O N T R
S M P X L K E R M T Y Y
Q T V N D T R S R V J B

Am I not free? Am I not an apostle? Have I not seen Jesus our Lord? Are you not the result of my work in the Lord? Even though I may not be an apostle to others, surely I am to you! For you are the seal of my apostleship in the Lord. This is my defense to those who sit in judgment on me.

FREE
APOSTLE
SEEN
JESUS
LORD
RESULT
WORK
OTHERS
SURELY
SEAL
DEFENSE
JUDGMENT

1 Corinthians 9:19, 21b

S F B Y E H V G V
L R E M G V N R V
A E C U A I E X M
V E O C R S E N E
E H M B H L T R T
T A E A P R O E W
G L V O N N I A R
O L E A G Y L S V
D P M I X Q M K T

Even though I am a free man with no master, I have become a slave to all people to bring many to Christ. But I do not ignore the law of God; I obey the law of Christ.

EVEN
THOUGH
FREE
MAN
MASTER
BECOME
SLAVE
ALL
PEOPLE
BRING
MANY
CHRIST
IGNORE
LAW
GOD

1 Corinthians 10:23-24

S R E H T O T G L G D C Z
Y Z T G B J N K J D O T P
D G G L O I W L L N V N R
Q B T N H O G Y S B G W J
W J E T I D D T N O T N X
N T Y N B H R N D E S Y G
D N H R E U T L J V L A M
A Z Y G C F U Y L A T Y Y
M V Y T I O I S R H P W J
D W I J H R O C E E L T R
V V Q S G Y W T I E V L D
E D M Q Y R N T N A K E P
G K J D D J D Q D G L N P

"I have the right to do anything," you say—but not everything is beneficial. "I have the right to do anything"—but not everything is constructive. No one should seek their own good, but the good of others.

HAVE
RIGHT
ANYTHING
SAY
NOT
EVERYTHING
BENEFICIAL
CONSTRUCTIVE
SHOULD
SEEK
OWN
GOOD
OTHERS

1 Corinthians 12:12-13

D D V T S I R H C S T Z T
T E D R I N K L E R L K V
I W Z Y Q L Y L R X J Q J
R D Q I D Q I D J V T T N
I G K L T T E S O D M K Y
P T D J N P D V W B Z J R
S Y R E Q D A E A E D T N
J W G F R P E B N L J Z G
O N E O J R A T N E S T B
M L G R F A Z R L B V P J
X D M M R T L D T V T I D
D K Z R L J G L R S V J G

Just as a body, though one, has many parts, but all its many parts form one body, so it is with Christ. For we were all baptized by one Spirit so as to form one body—whether Jews or Gentiles, slave or free—and we were all given the one Spirit to drink.

BODY
ONE
PARTS
ALL
FORM
CHRIST
BAPTIZED
SPIRIT
JEWS
GENTILES
SLAVE
FREE
GIVEN
DRINK

1 Corinthians 15:3-5

P M L J M T B C P Q R K I Q
T V V L H N V D H K K M N B
W R D I D D T D L R P N W Q
E R R D E S I A R O I S D B
L D D I P E T E R P C S G T
V V R D Z D X T A R S K T B
E U E D V P A S I Y M N B B
B I L Y A N S P N O Y J I B
D N R L T E T T S K A Q B S
Q Z W N D U D T Y B D L L D
N N V Q R X L B B K G P Z R
G M Q E Q L Y N D Q W L M J
R X S R B M V M T Z R W D Q

I passed on to you what was most important and what had also been passed on to me. Christ died for our sins, just as the Scriptures said. He was buried, and he was raised from the dead on the third day, just as the Scriptures said. He was seen by Peter and then by the Twelve.

PASSED
MOST
IMPORTANT
CHRIST
DIED
SINS
SCRIPTURES
BURIED
RAISED
DEAD
THIRD
DAY
PETER
TWELVE

1 Corinthians 15:47-49

S E L P O E P N A M T R
O M Z N D R A D A M F T
M A R Y P R L V D I Y V
E C T K D Y Y W R L P T
D V M T D T D S N X Q Q
A K S B S N T E L E M L
Y U B I O H V V L Q M G
D Z R C R A T I L Y B Z
T H E D E M H R L B T Y
C S Z H T W A R A I B L
T D M L T R P D N E K R
R M T T L R L G E T L E

Adam, the first man, was made from the dust of the earth, while Christ, the second man, came from heaven. Earthly people are like the earthly man, and heavenly people are like the heavenly man. Just as we are now like the earthly man, we will someday be like the heavenly man.

ADAM
FIRST
MADE
DUST
EARTH
WHILE
CHRIST
SECOND
CAME
PEOPLE
LIKE
SOMEDAY
HEAVENLY
MAN

2 Corinthians 1:20

M M L Z M B W X D P N
S E S I M O R P T E Z
X P H X P G P H M Z N
F I N D K L R A L L R
R E T T U O L Q S L J
V P Y T U R J G Y E A
X H L G X Y O L Z N Y
W K H B G D K N X J D

For all the promises of God find their Yes in him. That is why it is through him that we utter our Amen to God for his glory.

ALL
PROMISES
GOD
FIND
YES
HIM
WHY
THROUGH
UTTER
AMEN
GLORY

2 Corinthians 3:17-18

Q T R A N S F O R M E D W T
Z E D S E M O C D T I J B J
F R E E D O M S A N T W Q D
G E R Y L E P L C F A C E S
N H R B G I P R J P R G Z V
I W V A R M E R K Y J G Y Y
E W M I E A G V X B B Y R B
B I T T S D R L N J N J M W
L Z N I L R A V O U G M Y D
D O N Q Q O N L P R N G R K
C G M Q D L B M L L Y T L T

Now the Lord is the Spirit, and where the Spirit of the Lord is, there is freedom. And we all, who with unveiled faces contemplate the Lord's glory, are being transformed into his image with ever-increasing glory, which comes from the Lord, who is the Spirit.

LORD
SPIRIT
WHERE
FREEDOM
ALL
UNVEILED
FACES
CONTEMPLATE
GLORY
BEING
TRANSFORMED
IMAGE
INCREASING
COMES

2 Corinthians 5:17-19a

N O I T A I L I C N O C E R
Y T R J G Y J M Q J R N Q V
R M S Z R N I L D E O M R V
Y G O N E N I T A Y T J V T
K N N O I T Y T N D B B B V
L Z L S S A I A N S N E W M
M D T I M O G L D U I P T Y
R R R T N D W A O R O N T T
Y H D L R O W C G R M C S M
C X R N J X B Z O D N W Q Z
N T R L W N V P Y M M D L N
M J T Y X D B Z V R E Q Y D

Therefore, if anyone is in Christ, the new creation has come: The old has gone, the new is here! All this is from God, who reconciled us to himself through Christ and gave us the ministry of reconciliation: that God was reconciling the world to himself in Christ, not counting people's sins against them.

ANYONE
CHRIST
NEW
CREATION
COME
OLD
GONE
GOD
MINISTRY
RECONCILIATION
WORLD
COUNTING
SINS
AGAINST

Galatians 2:20

G E M S O E L N D G Q W
N P A L E O V E X K T X
I H D R N L I I P M M J
T R I G T F F Z L T V M
S L E M I H T S I R H C
U R O C S Y L G Y P N R
R L U V D E A Y N Z K J
T R J O E V L O G O D W
C X B Y E D S F T Y R Q

My old self has been crucified with Christ. It is no longer I who live, but Christ lives in me. So I live in this earthly body by trusting in the Son of God, who loved me and gave himself for me.

OLD
SELF
CRUCIFIED
CHRIST
LONGER
LIVE
EARTHLY
BODY
TRUSTING
SON
GOD
LOVED
GAVE
HIMSELF

Galatians 3:13

P W N E T T I R W R S
R A R J M D L C D E R
O L L O K B U N R K K
N M B T N R X U Y B R
O D Y H S G T K L L B
U C E E I P D C D J T
N H Z U I M R O K B E
C R U R C O S O I E Q
E I C N S S O E R N N
D S Z S G T E T L T G
M T K L D Z R R R F M

But Christ has rescued us from the curse pronounced by the law. When he was hung on the cross, he took upon himself the curse for our wrongdoing. For it is written in the Scriptures, "Cursed is everyone who is hung on a tree."

CHRIST
RESCUED
CURSE
PRONOUNCED
LAW
HUNG
CROSS
TOOK
HIMSELF
WRONGDOING
WRITTEN
SCRIPTURES
TREE

Galatians 3:22

Q S W L N N B X D X B B G
B W C D I V M Y T L Y G V
N E R R S B B W L B K Y P
N T L V I T P A Y P Z R W
X T X I G P Z S R L I D V
R Q D P E O T O U S K B L
C E Z E N V M U O S M D Y
H B C L C I I N R O E L W
R L Y E S L E N D E X J M
I T X E I R A E G R S T R
S G O D S V E R R Y K P M
T Z V N T R E Q E P G J J
M D N M F G T K K X G D W

But the Scriptures declare that we are all prisoners of sin, so we receive God's promise of freedom only by believing in Jesus Christ.

SCRIPTURES
DECLARE
ALL
PRISONERS
SIN
RECEIVE
GOD
PROMISE
FREEDOM
ONLY
BELIEVING
JESUS
CHRIST

Galatians 3:28-29

P E V A L S G J Q
R E O M H E I R S
O E N G N M A G T
M R E T N B A S T
I F I L R O I L S
S L J A A R L U E
E E H E H M S E A
J A E C W E E L B
M V P D J P L F B

There is neither Jew nor Gentile, neither slave nor free, nor is there male and female, for you are all one in Christ Jesus. If you belong to Christ, then you are Abraham's seed, and heirs according to the promise.

JEW
GENTILE
SLAVE
FREE
MALE
FEMALE
ALL
ONE
CHRIST
JESUS
BELONG
ABRAHAM
SEED
HEIRS
PROMISE

Galatians 4:4-5

N S O N S H I P N
R O W Y E S R D T
P A I M L E E I L
L R O T C L M N N
W C E E P E U R T
W O I D T O O F T
H V M E E B D O G
E Z S A Z E X A Z
N N L Q N R M W R

But when the set time had fully come, God sent his Son, born of a woman, born under the law, to redeem those under the law, that we might receive adoption to sonship.

WHEN
SET
TIME
FULLY
COME
GOD
SENT
BORN
WOMAN
LAW
REDEEM
RECEIVE
ADOPTION
SONSHIP

Galatians 4:25-26

C Q N Z R N L X Z N L R X K
O I A N I S P Y A R A B I A
R Q B B Y T Q M R Y N Q J M
R M Q T N A T D Y E G V E G
E D I U N V B M M Q V L M N
S C O T M V K O K F A A N W
P M L T T G P J V S R E L P
O T R E H T O M U E R E K S
N N N P M Q N R V D H L E W
D T T E R R E N L A W R J G
S K D B S J M I G P T N Y V
Q Z Z T X E H A N J M D M K
D X L M M C R Q V N T D M W
Y R L M J M W P P Q N B B R

Now Hagar stands for Mount Sinai in Arabia and corresponds to the present city of Jerusalem, because she is in slavery with her children. But the Jerusalem that is above is free, and she is our mother.

HAGAR
MOUNT
SINAI
ARABIA
CORRESPONDS
PRESENT
CITY
JERUSALEM
SLAVERY
CHILDREN
ABOVE
FREE
MOTHER

Galatians 5:1

T Y R E V A L S
H M T L Y A L M
E T Y I G O O J
R N S A M D K D
E M I I E B N E
F N R E R A U S
O M R I T H E S
R F G S F T C M
E D B P R L L Z

For freedom Christ has set us free; stand firm therefore, and do not submit again to a yoke of slavery.

FREEDOM
CHRIST
SET
STAND
FIRM
THEREFORE
SUBMIT
AGAIN
YOKE
SLAVERY

Galatians 5:5-6

N E A G E R L Y G E Y M Y R J
S O M T R G L V Z P C Q I N D
P H I R S V B B K O P G J G Y
I T R S N I T T U H H Y N D T
R I Z Y I H R N B T N I Z S B
I A B Y R C T H E L H W U T W
T F E O R S M O C T Z S A O Y
L W U V Z Z U U Y R E R R I Y
N G Z T O S G N C J G K M N T
H V M R N L A J Q R I N D P T
D B N E M Q T Y N N I N L L B
L R S T T W J M G J L C R B Y
P S Q D W D N L X K Y X N L Z

For through the Spirit, by faith, we eagerly wait for the hope of righteousness. For in Christ Jesus neither circumcision nor uncircumcision counts for anything; the only thing that counts is faith working through love.

THROUGH
SPIRIT
FAITH
EAGERLY
WAIT
HOPE
RIGHTEOUSNESS
CHRIST
JESUS
CIRCUMCISION
COUNTS
ANYTHING
WORKING
LOVE

Galatians 5:13

S I N F U L Y C M T W T M
M V L N J M D O A B D Y M
Y N K S D A D W D L K Y N
D D A N E E J M T Y L R R
T N E T E R N W Y L S E R
T S S R U D V F M R I S D
U N F W L R S E E R R V Z
I R T Y B I E H E E D Q E
L Q R R T T T H T W W D B
K W Z A Y O T S L Q T E J
Y X S G R O I D O R N B T
V K L B N S X P V O D D D
R Y Z A N R B Z E T Q Z Y

For you have been called to live in freedom, my brothers and sisters. But don't use your freedom to satisfy your sinful nature. Instead, use your freedom to serve one another in love.

CALLED
LIVE
FREEDOM
BROTHERS
SISTERS
USE
SATISFY
SINFUL
NATURE
INSTEAD
SERVE
ONE
ANOTHER
LOVE

Ephesians 1:6-7

K P U R C H A S E D
T I N F D V U X E Y
F O N O R O R S P D
S O O D I E I I E N
B L R R N A E R C E
B E O G R E U D C H
N L L P A O S A O S
G O D O P V R S N M
J R B R N G E I Y W
M M Y K Y G S Y N N

So we praise God for the glorious grace he has poured out on us who belong to his dear Son. He is so rich in kindness and grace that he purchased our freedom with the blood of his Son and forgave our sins.

PRAISE
GOD
GLORIOUS
GRACE
POURED
BELONG
SON
RICH
KINDNESS
PURCHASED
FREEDOM
BLOOD
FORGAVE
SINS

Ephesians 2:8-10

C R E A T E D D N R
C H R I S T O L D L
G D W M B G G E P D
R T R O S O R I E P
A B H U R A A V F H
C G S R P K A S T T
E E O E O S S I T K
J Y R O G U A J L J
T P L T D F G A T K
D D L J T N W H N R

For by grace you have been saved through faith. And this is not your own doing; it is the gift of God, not a result of works, so that no one may boast. For we are his workmanship, created in Christ Jesus for good works, which God prepared beforehand, that we should walk in them.

GRACE
SAVED
THROUGH
FAITH
GIFT
GOD
WORKS
BOAST
CREATED
CHRIST
JESUS
GOOD
PREPARED
WALK

Ephesians 2:19-20

X C X S Y M T H S W N D
G X O L T S E T O O M S
C E O R I R E M I U R B
I H N R N H A T B E S S
T T H T P E A N N E E E
I C O O I D R G G L R Y
Z P R G N L I S T E Y S
E P E U E E E S T L R S
N Z O O R T O S I O U S
S F R O P P H M M S N T
Y L F Q A L A E E W L E
L W L Z G F E J R Q R Q

So now you Gentiles are no longer strangers and foreigners. You are citizens along with all of God's holy people. You are members of God's family. Together, we are his house, built on the foundation of the apostles and the prophets. And the cornerstone is Christ Jesus himself.

GENTILES
STRANGERS
FOREIGNERS
CITIZENS
HOLY
PEOPLE
MEMBERS
FAMILY
TOGETHER
HOUSE
FOUNDATION
APOSTLES
PROPHETS
CORNERSTONE
CHRIST
JESUS

Ephesians 3:10-12

C L M R C H R I S T N
E O R A T J N L T R E
T M N I N W E H O S Y
E F A F O I C S O R T
R F R N I A F P U M D
N C K E O D R O O S S
A X H R E U E D L M D
L R P U P D S N L D D
R P P R R I O A C O Y
A Z L M W C E M G E Y
K N T Q N R H D Z K G

His intent was that now, through the church, the manifold wisdom of God should be made known to the rulers and authorities in the heavenly realms, according to his eternal purpose that he accomplished in Christ Jesus our Lord. In him and through faith in him we may approach God with freedom and confidence.

CHURCH
MANIFOLD
WISDOM
GOD
KNOWN
REALMS
ETERNAL
PURPOSE
CHRIST
JESUS
LORD
FAITH
APPROACH
FREEDOM
CONFIDENCE

Ephesians 4:7-8

A M E A S U R E B M
P C G G I V E N Y D
A M C X M L G T G E
C S M O P A I A C K
H N C O R V D A V T
R J E E I D R E F E
I P E T N G I I P H
S M P A J D G N G R
T A B J C L E I G P
C D R Y N H H D N K

But each of us was given grace according to the measure of Christ's gift. Therefore it is said, "When he ascended on high he made captivity itself a captive; he gave gifts to his people."

EACH
GIVEN
GRACE
ACCORDING
MEASURE
CHRIST
GIFT
ASCENDED
HIGH
MADE
CAPTIVITY
GAVE
PEOPLE

Philippians 1:18b-19

E E S T S I R H C J Q L
D C U P H E L P S R G L
W L N N I B N Y X Y L X
O E L A I R E J O I C E
N A Q W R T I M B D G T
K D I P S E N T T B Y Z
Y L R U T G V O W X Y T
L A S B J M P I C J K J
Y E W J R B V B L Y N V
J T N Z N M R J R E G M
Q J X Z M K Q D W T D B

And I will continue to rejoice. For I know that as you pray for me and the Spirit of Jesus Christ helps me, this will lead to my deliverance.

WILL
CONTINUE
REJOICE
KNOW
PRAY
SPIRIT
JESUS
CHRIST
HELPS
LEAD
DELIVERANCE

Philippians 3:20-21

C P O W E R Z B R C B N
Y I T Y N T M N O N E Y
L R T G B X R N E V M R
M Y S I B T T A A T B C
D L W U Z R G E R M H J
R W K X O E H A D R O L
S O D L R I N J I D X D
E L I L T S R S E Q Y B
I X Y V F I T O H S R T
D Z L O A X A W L I U D
O V R P Z S R W N G P S
B M B D Z B G G A T J L

But our citizenship is in heaven. And we eagerly await a Savior from there, the Lord Jesus Christ, who, by the power that enables him to bring everything under his control, will transform our lowly bodies so that they will be like his glorious body.

CITIZENSHIP
HEAVEN
EAGERLY
AWAIT
SAVIOR
LORD
JESUS
CHRIST
POWER
BRING
CONTROL
TRANSFORM
LOWLY
BODIES
GLORIOUS

Philippians 4:5b-7

G N I H T Y R E V E N J T B
S U P P L I C A T I O N B Q
U D S N D L P S V A X D Q B
R S Y T O G T R N G U A R D
P K U R S R Y Y D R T B Y K
A N D O A E T V E M I N D S
S O D E I H U Y C H R I S T
S W H O I X A Q J E S U S L
E N Y N G R N D E E C A E P
S W G Y P N G A V R M W T L

The Lord is at hand; do not be anxious about anything, but in everything by prayer and supplication with thanksgiving let your requests be made known to God. And the peace of God, which surpasses all understanding, will guard your hearts and your minds in Christ Jesus.

LORD
ANXIOUS
ANYTHING
EVERYTHING
PRAYER
SUPPLICATION
REQUESTS
KNOWN
GOD
PEACE
SURPASSES
GUARD
HEARTS
MINDS
CHRIST
JESUS

Philippians 4:12-13

N C L P T N D N J W S M L
E L I J R J L T L N X K N
A C B R L O Y Y E G L K P
Q Q N R C R S H D E E N N
E G R A G U T P T L B T F
L D N N D G M H E S Z I D
T E U I N N R S E R L D S
T H A E R O U C T L I G L
I Z R R U E R B E A N T L
L T J G N E F D A I N I Y
S Y H Y T E D F H W V C X
N J Y M K D D T U E T W E
W R N K L B Q G R S J N Y

I know how to get along with little, and I also know how to live in prosperity; in any and every circumstance I have learned the secret of being filled and going hungry, both of having abundance and suffering need. I can do all things through Him who strengthens me.

LITTLE
LIVE
PROSPERITY
CIRCUMSTANCE
LEARNED
SECRET
FILLED
HUNGRY
ABUNDANCE
SUFFERING
NEED
ALL
THINGS
THROUGH
STRENGTHENS

Colossians 1:13-14

N O I T P M E D E R D G Q
D F O R G I V E N E S S R
M E Z D B N S L R G B Z R
O Y R L A N M R Q N N X T
D D T E I R E D O M A I N
G F E S V F K W Y Q N B V
N R R V S I G N H R N M Z
I O N N O L L Q E O V W W
K M A Z N L V E M S M X J
T R P O Y L E N D R S L N
T K S M P R R B D X N P L

He has delivered us from the domain of darkness and transferred us to the kingdom of his beloved Son, in whom we have redemption, the forgiveness of sins.

DELIVERED
FROM
DOMAIN
DARKNESS
TRANSFERRED
KINGDOM
BELOVED
SON
WHOM
REDEMPTION
FORGIVENESS
SINS

Colossians 1:19-20

E P S G N I H T S R V
L L Z K N H D S X E G
I E Q T T I E E C M G
C A H R H N K A H D Q
N S A E L R E A Y S Y
O E X L A P O B M C Q
C D U L G V L U R M Y
E F L E P O E O G O D
R A N W O B S N D H W
P Z R D M S Y M B W M

For God was pleased to have all his fullness dwell in him, and through him to reconcile to himself all things, whether things on earth or things in heaven, by making peace through his blood, shed on the cross.

GOD
PLEASED
ALL
FULLNESS
DWELL
RECONCILE
THINGS
EARTH
HEAVEN
MAKING
PEACE
THROUGH
BLOOD
SHED
CROSS

Colossians 1:21-23

S Y R B D Q P L D X B R J J
E B Y V L T K E E W M W J N
I D J N M R T Z D P Y N T Z
M N E M Q A M N Z Y S K W R
E J R L N Y G D R P N O T T
N K R E I Z W J Y J Q G G Z
E L I D E C V T B F A I T H
E L J E E T N L H C B Y T V
A P Y A R V E O H G L O M B
D W O T F M I R C O I G D M
L N L H I T I L H E P S O Y
L M N S N S G L M L R Y D D
L L H D T N Z Q K V L J J R

Once you were alienated from God and were enemies in your minds because of your evil behavior. But now he has reconciled you by Christ's physical body through death to present you holy in his sight, without blemish and free from accusation—if you continue in your faith, established and firm, and do not move from the hope held out in the gospel.

ALIENATED
GOD
ENEMIES
EVIL
RECONCILED
CHRIST
BODY
DEATH
HOLY
SIGHT
BLEMISH
FREE
FAITH
HOPE
GOSPEL

Colossians 2:8

E G C H R I S T W T Y T R K
S G N S E K A T Z H B L L E
R R H I M C V L P M N D L G
E D U D D Q A O P O G E Q X
V S M D X R S P I L M K D W
I T A T B O O T T E P V T B
N I N B L Y I C N I L R D W
U R B I T D B T C T V D K Y
K I H B A J A Y I A T E L X
Q P Q R J L T E X M B L X R
J S T L M P C P Q K Q Y R D
Y Z X K M E B D V N T N D K
K T R E D K X R Q R N T D G

See to it that no one takes you captive through philosophy and empty deceit, according to human tradition, according to the elemental spirits of the universe, and not according to Christ.

TAKES
CAPTIVE
PHILOSOPHY
EMPTY
DECEIT
ACCORDING
HUMAN
TRADITION
ELEMENTAL
SPIRITS
UNIVERSE
CHRIST

Colossians 3:1

S C J Z D X W T E M B Y K
E R H N T E M R X Y T T M
E A K R V T O T H I N G S
K I W A I F S E A T E D Q
I S H H E S E K H G D K J
N E B R E V T G J H P Z Y
G D E E O R I M T H A N D
G H Y B E R E I K E E P Y
T O A T M N W T N Y X R J
M R D D M N Y D L K Z M P

Therefore, if you have been raised with Christ, keep seeking the things that are above, where Christ is, seated at the right hand of God.

THEREFORE
HAVE
BEEN
RAISED
WITH
CHRIST
KEEP
SEEKING
THINGS
ABOVE
WHERE
SEATED
RIGHT
HAND
GOD

Colossians 3:2-4

D R M I N D S Y P
O O E H I D D E N
Y U G V L A S J C
E M R I E G L H Q
A V F G N A R S D
R E O I L I L I O
T S H B S O E E D
H T E T A D R G D
Z K P T L T T Y R

Set your minds on the things that are above, not on the things that are on earth. For you have died, and your life is hidden with Christ in God. When Christ, who is our life, is revealed, then you also will be revealed with Him in glory.

SET
MINDS
THINGS
ABOVE
EARTH
DIED
HIDDEN
CHRIST
GOD
OUR
LIFE
REVEALED
ALSO
GLORY

Colossians 3:9-11

V N G E N T I L E V M L R
Y M A W V W D Q L Q W Z M
D E S I C M U C R I C J Y
J Q S C R R X L D D Y N N
N K N E Y A R B W J E W M
M V N Y C T B E G A M I Y
T K G O S I H R N Y G N J
R T X I W E T I A E T N N
J O R Z V L S C A B W V K
F H T A N N E Z A N B E B
C R L A A D L D B R Z W D
D S E L E O F T G Q P D D
W X L E L R K M N E D L L
Y T N D Z B C K L P Z N Y

Do not lie to each other, since you have taken off your old self with its practices and have put on the new self, which is being renewed in knowledge in the image of its Creator. Here there is no Gentile or Jew, circumcised or uncircumcised, barbarian, Scythian, slave or free, but Christ is all, and is in all.

OLD
SELF
PRACTICES
RENEWED
KNOWLEDGE
IMAGE
CREATOR
GENTILE
JEW
CIRCUMCISED
BARBARIAN
SCYTHIAN
SLAVE
FREE
CHRIST
ALL

1 Timothy 2:5-6

W M H I M S E L F D A T
D I E G K B Y R O L J Z
N T T D M X Z G L R N M
I D T N I O W Z B Z W N
K G E E E A S E X P L D
N N N L S S T N R T C L
A O N U P W S O A H T M
M Z S G E O P E R R X G
Y E A E L E E I D P R D
J V N R R Z S P E M I T
E J R V K T K T K J P Z

For there is one God and one mediator between God and mankind, the man Christ Jesus, who gave himself as a ransom for all people. This has now been witnessed to at the proper time.

ONE
GOD
MEDIATOR
BETWEEN
MANKIND
CHRIST
JESUS
GAVE
HIMSELF
RANSOM
ALL
PEOPLE
WITNESSED
PROPER
TIME

2 Timothy 1:6-7

P L G S Y L L Y R Y N
G I F T D O A E X R Q
L L D M R N W Y A D E
R D W T D O A E I M M
J E N B P S F H A N B
D O M T J A Y L K G G
C B M I M E F J A E X
N P W R N R R V V J G
R A T I M D E O G B G
J D F P R J L R L O P
X T N S V D K K R T D

For this reason I remind you to fan into flame the gift of God, which is in you through the laying on of my hands, for God gave us a spirit not of fear but of power and love and self-control.

REASON
REMIND
FAN
FLAME
GIFT
GOD
LAYING
HANDS
GAVE
SPIRIT
FEAR
POWER
LOVE
CONTROL

2 Timothy 1:9

D E V R E S E D P B T D
B J N B E S T L V B R Q
E Y G F H D A N E T M T
F V I O E N S G H T N Z
O L W L N A I R M T L Z
R T L W V N O G R A C E
E A S E N U S E L V W W
C D D I G Y V U E M I T
V O N H R I L T S M X L
D G D Z L H D O X E Y D
D J G L Q V C L H T J J

For God saved us and called us to live a holy life. He did this, not because we deserved it, but because that was his plan from before the beginning of time—to show us his grace through Christ Jesus.

GOD
SAVED
CALLED
LIVE
HOLY
LIFE
DESERVED
PLAN
BEFORE
BEGINNING
TIME
SHOW
GRACE
THROUGH
CHRIST
JESUS

2 Timothy 1:10

Y T I L A T R O M M I Z
G I L L U M I N A T E D
N I A L P Y J B S L N Y
I E S Q G E T I I H G B
R K P A S V R F G W A Y
A O D U V H E U S W E N
E R S O C I O P O W E R
P B N G O R O D E A T H
P Q Y O H G M R R N N P
A B D T W L M J M W J G

And now he has made all of this plain to us by the appearing of Christ Jesus, our Savior. He broke the power of death and illuminated the way to life and immortality through the Good News.

NOW
PLAIN
APPEARING
CHRIST
JESUS
SAVIOR
BROKE
POWER
DEATH
ILLUMINATED
WAY
LIFE
IMMORTALITY
THROUGH
GOOD
NEWS

2 Timothy 2:25-26

D Y B G Q Z M Q Z R N J Y G
E C O M E Q N H Q D T T D N
V M Z N T Z R Z E T X D P L
I E V I T P A C Y A T Q Y L
L N Z J T D E J Y L R J Q X
L Y S R X P L L G G T T K M
T M U T A Q B V E O Q N S Z
Z T D R R S C S D M D E E V
H X T G E U C H M G S L D G
B L M S B A C L A O J D J N
T L N Y P N G T P N L P D N
K E V E J Q N P X E G L R T
S M B Y V R O K H W M E V L

Gently instruct those who oppose the truth. Perhaps God will change those people's hearts, and they will learn the truth. Then they will come to their senses and escape from the devil's trap. For they have been held captive by him to do whatever he wants.

GENTLY
INSTRUCT
OPPOSE
TRUTH
GOD
CHANGE
HEARTS
LEARN
COME
SENSES
ESCAPE
DEVIL
TRAP
HELD
CAPTIVE

2 Timothy 4:18

K P Y J Y R D N W N W M Y X
I R J R K Y E E Y Y R K Z X
N N J M E M M L L Y D R J M
G R T D A V K B W I Y T F V
D P O J M B E J M M V O X X
O G B N M Q K R N K R E L Z
M L J P Q C X D Y E Q K R D
P N J T A Q Z L V B Q X Z N
T K D T L T N E Y B Y D Z K
Y N T O T E R L G Y R O L G
Q A R M V Y E T L N L I V E
T D S A J F T M L K I Y T R
M E E L A N W P I R G R M J
Y H R S M T K Y W L M T B D

Yes, and the Lord will deliver me from every evil attack and will bring me safely into his heavenly Kingdom. All glory to God forever and ever! Amen.

YES
LORD
WILL
DELIVER
EVERY
EVIL
ATTACK
BRING
SAFELY
HEAVENLY
KINGDOM
GLORY
GOD
FOREVER
AMEN

Titus 2:11-13

W O R L D L Y D T Z D T X K M
D Q N M B J M V B P J G W R D
N D T B L R J T T L G E C K N
S A L V A T I O N N E H S O M
D E R A E P P A I W R S I U J
R M E Y G B N N A I R T S N S
M O V Z N J I I S Q A T D E N
V R I N V A T T Q T H Q L J D
D T L V R M P M S G E V B N K
Y Y B T A J T E I G R C T R N
Y H B M P S F R Z D O T A G T
L D O D L I P T X N R D L R B
Y Q Q P N U B Y R P P O L Z G
X J D A E W L B X L R R L Y M
T X M J N M M G Q Y Z Z Y R Z

For the grace of God has appeared, bringing salvation to all, training us to renounce impiety and worldly passions, and in the present age to live lives that are self-controlled, upright, and godly, while we wait for the blessed hope and the manifestation of the glory of our great God and Savior, Jesus Christ.

GRACE
APPEARED
SALVATION
TRAINING
WORLDLY
LIVE
UPRIGHT
GODLY
WAIT
BLESSED
HOPE
MANIFESTATION
GLORY
SAVIOR
JESUS
CHRIST

Titus 2:14

D D Z C N G J Y D D W Y Y N
E V A G O L J R R M N D N G
R Z W K B M E K B J V J Y Y
B Y K L X N M S L M Q R L Q
B N J P Y P V I N R A L Y B
S I N Z E R T N T A A K E B
L R R O S D E E D T E V E Y
Z N P K I N D V O D E L R R
W L L V T O G T E R F D C M
E Z L D O R N F Y M L R B L
J R N G B M I D N J L T E B
Y V B W Y L O M Z M T W Q E
M Y B Q O R D Q D M W R M Y

He gave his life to free us from every kind of sin, to cleanse us, and to make us his very own people, totally committed to doing good deeds.

GAVE
LIFE
FREE
EVERY
KIND
SIN
CLEANSE
MAKE
VERY
OWN
PEOPLE
TOTALLY
COMMITTED
DOING
GOOD
DEEDS

Hebrews 2:3

L Y X Q L J L Z G W D P
N O I T A V L A S E M I
P D N E T K T S C Y G L
K P D Z S Y N N U N L J
M A K E S C U I O S T T
G T E P R O A R H D E L
R S D P N E E P R T O J
E R Y N S Z V A E R L Y
A I A W D D E I D Z M Z
T F X J Q H L T L T M V
P R G G Q T R Z B E M R
N M R M N M X Y M R D G

So what makes us think we can escape if we ignore this great salvation that was first announced by the Lord Jesus himself and then delivered to us by those who heard him speak?

MAKES
THINK
ESCAPE
IGNORE
GREAT
SALVATION
FIRST
ANNOUNCED
LORD
JESUS
DELIVERED
HEARD
SPEAK

Hebrews 2:8b-9

A S U F F E R E D N S
U A G H L N T E O G V
T N L O L I N I N D R
H G O N Z W T I E E D
O E R O O I H T W Y V
R L Y R S T S O L L M
I S C O J A L H L E N
T E P P T E T A C V P
Y E B X N A S A V Z Y
Y N L Q E Z R U N V K
T R V D Y G J T S Y Y

But we have not yet seen all things put under their authority. What we do see is Jesus, who for a little while was given a position "a little lower than the angels"; and because he suffered death for us, he is now "crowned with glory and honor." Yes, by God's grace, Jesus tasted death for everyone.

SEEN
ALL
THINGS
AUTHORITY
JESUS
POSITION
LITTLE
LOWER
ANGELS
SUFFERED
DEATH
CROWNED
GLORY
HONOR
GRACE
TASTED

Hebrews 2:14-15

Y T I N A M U H D
S L A V E R Y N B
C H I L D R E N D
F J N E I O A P M
W L A B L V O E D
E T E I R W E L F
H E V S E E E D B
R E R R H H A M L
S R Q F T Y M K R

Since the children have flesh and blood, he too shared in their humanity so that by his death he might break the power of him who holds the power of death—that is, the devil—and free those who all their lives were held in slavery by their fear of death.

CHILDREN
FLESH
BLOOD
HUMANITY
DEATH
BREAK
POWER
DEVIL
FREE
LIVES
HELD
SLAVERY
FEAR

Hebrews 4:14-15

T B S D N A T S R E D N U T
E D B W E A K N E S S E S Y
S D E R E T N E H E A V E N
T D Y T S G D D V H S R L L
I W R L R U E L L E I I J Z
N D R E M C S Z O M I G N N
G V A W A R T E Y H V L H Q
S T W F B S I R J G N Q E K
Z B G R E M M F P N Q Y K B
T Y L I R D N M D L B D V M
P Z R W Z G J B X R M R D J
B P K R R B L J J Q L M M Y

So then, since we have a great High Priest who has entered heaven, Jesus the Son of God, let us hold firmly to what we believe. This High Priest of ours understands our weaknesses, for he faced all of the same testings we do, yet he did not sin.

GREAT
HIGH
PRIEST
ENTERED
HEAVEN
JESUS
HOLD
FIRMLY
BELIEVE
UNDERSTANDS
WEAKNESSES
FACED
TESTINGS
SIN

Hebrews 4:16

Q R N L B W Z V T L W P F
T H E R E F O R E M E I N
S S E N D L O B E N N Q L
P H L X Z N K R O D E M D
L P C M K N C R T C B E K
E M R A L Y H Z A I E G P
H D L E O T Z R L N M B B
R Y Q Z C R G B N N T E R
X K T M Z E P M W D D J Y
Y N G K R K I P J M R K L
M B Q L X D L V A L Q N Q
Y Z P V J T Z K E Z L Y M

Let us therefore approach the throne of grace with boldness, so that we may receive mercy and find grace to help in time of need.

THEREFORE
APPROACH
THRONE
GRACE
BOLDNESS
RECEIVE
MERCY
FIND
HELP
TIME
NEED

Hebrews 6:19-20a

F S C U R T A I N K L
O A T L D P L A C E H
R L N E U N D Z T G R
E K T C A O I N I E B
R B R S H D S H V K S
U P E O E O F E E R L
N S P H R I R A E B S
N E U E A O R T S U L
E B N R F L N P S T J
R N B B E E F E K Z Y
I V Y M W B J M R R B

We have this as a sure and steadfast anchor of the soul, a hope that enters into the inner place behind the curtain, where Jesus has gone as a forerunner on our behalf, having become a high priest forever after the order of Melchizedek.

SURE
STEADFAST
ANCHOR
SOUL
HOPE
ENTERS
INNER
PLACE
BEHIND
CURTAIN
JESUS
FORERUNNER
BEHALF
HIGH
PRIEST
FOREVER

Hebrews 7:18-19

P I V N T T H T S G C
E Y N Q X O L S J O Y
R J P T P N E W M L M
F H R E R N T M A R N
E A Z E K O A R E L E
C N N A T N D M A D D
T D E D D T R U I E G
W W R M P O E S C O N
Q A E J F L A B D E D
W N L J L J N B P B D
T Z Y B N P P R L P B

For on the one hand, a former commandment is set aside because of its weakness and uselessness (for the law made nothing perfect); but on the other hand, a better hope is introduced, through which we draw near to God.

HAND
FORMER
COMMANDMENT
ASIDE
WEAKNESS
LAW
PERFECT
BETTER
HOPE
INTRODUCED
DRAW
NEAR
GOD

Hebrews 9:13-14

S L P I H S R O W M C L R X
A X A X O T L Y N O J R B L
N H D N Z F F X N R V L P J
C B S X R I F S Q C L D R D
T W X I R E C E H S T A O G
I H I U M I T R R I X W M M
F E P T E E I E R E B V N Y
I I L N H S L I W U D L B B
E F C D T O P B L I V I N G
S E N O D S U L B L O O D T
N R W G X M S T N J V G G Z

For if the blood of goats and bulls, with the sprinkling of the ashes of a heifer, sanctifies those who have been defiled so that their flesh is purified, how much more will the blood of Christ, who through the eternal Spirit offered himself without blemish to God, purify our conscience from dead works to worship the living God!

GOATS
BULLS
HEIFER
SANCTIFIES
BLOOD
CHRIST
ETERNAL
SPIRIT
OFFERED
WITHOUT
BLEMISH
PURIFY
CONSCIENCE
WORSHIP
LIVING
GOD

Hebrews 9:15

E C N A T I R E H N I K R K J N
L J N P J M B Y T D N W B K L Q
M B V J N B M Q R L D T P Y P Y
L T B T W N N D J L N P T Y D P
D R R F N K M Z M O R W B B J Q
Y J R O V A E P S D D D M R Q Q
P E J Y T T N A R Y T T K G T Y
E R X Y E A E E B O D S D T L M
T N A R N R I N V E M W I G N L
N C N N M R Q D T O L I L R M N
T A A L S R E T E L C D S W H L
L T M L G O I C S M Z E R E G C
S N I S L M M E E T Y I N N D N
N L Q R M E T Z G I T D D M R V
Y Y Y O N R D Y D B V B V L D N
R D C N B T G W B X V E J Z T D

For this reason Christ is the mediator of a new covenant, that those who are called may receive the promised eternal inheritance—now that he has died as a ransom to set them free from the sins committed under the first covenant.

REASON
CHRIST
MEDIATOR
NEW
COVENANT
CALLED
RECEIVE
PROMISED
ETERNAL
INHERITANCE
DIED
RANSOM
SET
FREE
SINS
COMMITTED

Hebrews 10:1

Q Z B N Y N D R G Q P Y K
P D M X D M Z N M B D R M
S A C R I F I C E S B Q N
P Y W D E S W E I V E R P
Y R O O N P P E W L T Q Y
S O O A R E E O M H J Q W
G Y E V R S D A I O M D Q
N L S F I A H N T O C Q N
C N E T H D G I S E L D M
Y C P S E S E E P A D Y R
T W R N Z M S M W P Y W J

The old system under the law of Moses was only a shadow, a dim preview of the good things to come, not the good things themselves. The sacrifices under that system were repeated again and again, year after year, but they were never able to provide perfect cleansing for those who came to worship.

SYSTEM
LAW
MOSES
SHADOW
PREVIEW
GOOD
THINGS
COME
SACRIFICES
REPEATED
PROVIDE
PERFECT
CLEANSING
WORSHIP

Hebrews 12:1-2a

D S E S S E N T I W
E N W F S L O W S E
D O E A Z P R U N P
N I I I T S I D E L
U P G T C E U R Z T
O M H H C R F S T J
R A T A A E O R E S
R H R N C N I W E J
U C C T I P K Y D Y
S E S S S Y E J N G

Therefore, since we are surrounded by such a huge crowd of witnesses to the life of faith, let us strip off every weight that slows us down, especially the sin that so easily trips us up. And let us run with endurance the race God has set before us. We do this by keeping our eyes on Jesus, the champion who initiates and perfects our faith.

SURROUNDED
CROWD
WITNESSES
FAITH
STRIP
WEIGHT
SLOWS
SIN
TRIPS
RUN
ENDURANCE
RACE
EYES
JESUS
CHAMPION
PERFECTS

Hebrews 13:5

P L X R L I V E S M R
C E N E V E R W Q N D
O L E E K A S R O F V
N V E K F M Y E L T Y
T T L A O R V T Y G M
E Y A N V A E D R Z W
N D E H H E O E V O L
T Y Z L W G V L N D K

Keep your lives free from the love of money and be content with what you have, because God has said, "Never will I leave you; never will I forsake you."

KEEP
LIVES
FREE
LOVE
MONEY
CONTENT
WHAT
HAVE
GOD
NEVER
LEAVE
FORSAKE

Hebrews 13:8-9

Y L B Y L L B Y P P L D T
D E N E H T G N E R T S Q
T G S T E A C H I N G S V
S N A T D W F E D Q L K N
I A M N E O S E Y S Y N M
R R E D R R V A U G D R N
H T M E E O D S R D O O G
C S V V T O E A H E A R T
B E I E T J C M Y N Q R B
R D D R G E J B X R G V Y

Jesus Christ is the same yesterday and today and forever. Do not be led away by diverse and strange teachings, for it is good for the heart to be strengthened by grace, not by foods, which have not benefited those devoted to them.

JESUS
CHRIST
SAME
YESTERDAY
TODAY
FOREVER
DIVERSE
STRANGE
TEACHINGS
GOOD
HEART
STRENGTHENED
GRACE
DEVOTED

Hebrews 13:11-12

S U S E J R T T J M B M L
Y Q P R G S U F F E R E D
L E W R J N Y N B Q G G L
O W C Y I T I L D A A L R
H Q A A I E O R N T K L Q
P T R C L O S I E T S E N
T P R Z D P M T S F L I N
K K I J Y A N O D P F N N
H L E N L D M T O D L O X
B I S S J T R E Z Y Z D N
R X G Y J R P R Y Y L G L
B R R H Z W T J N T K T T

The high priest carries the blood of animals into the Most Holy Place as a sin offering, but the bodies are burned outside the camp. And so Jesus also suffered outside the city gate to make the people holy through his own blood.

HIGH
PRIEST
CARRIES
BLOOD
ANIMALS
MOST
HOLY
PLACE
SIN
OFFERING
JESUS
SUFFERED
CITY
GATE
PEOPLE

Hebrews 13:14-15

S N W Q Z Y Y Q W J Y D G
A A G V J R Q N J L N B N
C M R O E R N P L Y G T T
R E D F D N Y A W N M Y E
I T F E N D U R I N G R Q
F O H L L N M K Y K E T G
I J J R I I O Q Y H M X E
C D E T O O P R O F E S S
E C N S L U T S Y L I B Q
N O O Y U I G T G A X J B
C T L M U S I H R G G J Q
N T Z R E C L P T L L Z T
N R F T J P Y R Y R D N X

For here we do not have an enduring city, but we are looking for the city that is to come. Through Jesus, therefore, let us continually offer to God a sacrifice of praise—the fruit of lips that openly profess his name.

HERE
ENDURING
CITY
LOOKING
COME
THROUGH
JESUS
CONTINUALLY
OFFER
GOD
SACRIFICE
PRAISE
FRUIT
LIPS
PROFESS
NAME

Hebrews 13:20-21

P T V R K G B S M D R N E Q T
L S M Y R B T K H M M C W H V
E N H N L E R X M E A X G L M
A M D E G B T N W E E I P D G
S M D Y P C K E P W S P O W T
I V Y G N H O Y R L E O D H T
N W R T R R E V N N L Q G Q L
G J O M J R P R E B A U U S R
R G N R G M B N D N O L U I G
E R L B K J L T D R A S P Z P
A L J Y X I T J B G E N D Y D
T L Q J V J N Q J J G R T A R
Q G L T R N K G Q D O D E Y L
L B Y L D D B J X L O D D B J
K X M B B Y J M Z T D Q L B M

Now may the God of peace, who brought up from the dead the great Shepherd of the sheep through the blood of the eternal covenant, that is, Jesus our Lord, equip you in every good thing to do His will, working in us that which is pleasing in His sight, through Jesus Christ, to whom be the glory forever and ever. Amen.

PEACE
BROUGHT
DEAD
GREAT
SHEPHERD
SHEEP
BLOOD
ETERNAL
COVENANT
JESUS
LORD
EQUIP
GOOD
WORKING
PLEASING
SIGHT

James 1:25

Y L L U F E R A C
S K F Y S H P Y T
S O G O E E E R F
E O M A R D T S Z
L L R F O G Y S Y
B D E I W A E G D
R C N B S A O T T
T G X R K D L R P

But if you look carefully into the perfect law that sets you free, and if you do what it says and don't forget what you heard, then God will bless you for doing it.

LOOK
CAREFULLY
PERFECT
LAW
SETS
FREE
SAYS
FORGET
HEARD
GOD
BLESS
DOING

James 2:12-13

S E N L T U O H T I W
H F S G O I N G T R Q
P D R U G Y S B D D L
M E A E A P N W O H S
U G D N E C Y C R E M
I D R A Y D E O V E R
R U K W T O O B Q V P
T J A K V C N M R T P
D L T L L Z A E R G J

Speak and act as those who are going to be judged by the law that gives freedom, because judgment without mercy will be shown to anyone who has not been merciful. Mercy triumphs over judgment.

SPEAK
ACT
GOING
JUDGED
LAW
FREEDOM
BECAUSE
WITHOUT
MERCY
SHOWN
ANYONE
TRIUMPHS
OVER

1 Peter 1:18-19

S E M P T Y M D Y D
I S A V E O T J I S
N L M W S J E A U S
L C A N S U P O S D
E H A M L I I E O B
S R G A B C L O M D
S I V G E T L V L T
L S G R O B G I E T
D T P P M L P O F R
N N S D K M D V D E

For you know that God paid a ransom to save you from the empty life you inherited from your ancestors. And it was not paid with mere gold or silver, which lose their value. It was the precious blood of Christ, the sinless, spotless Lamb of God.

GOD
PAID
RANSOM
SAVE
EMPTY
LIFE
GOLD
SILVER
VALUE
PRECIOUS
BLOOD
CHRIST
SINLESS
SPOTLESS
LAMB

1 Peter 1:23

Q B W M K N X N V N L T
U Y G T R V Q J K A Y M
I L I V I N G Z N Z T R
C L W R P D R R Z W E D
K T I O M Z E M D V W D
L M T F R T G S E N O M
Y P L N E D E R B G K K
A G A I N M O T R O D D
K R S Z O F J Y M N R W
Z Z T C Q N Y V E L E N
M M X Z R M B Z Z N R Y

For you have been born again, but not to a life that will quickly end. Your new life will last forever because it comes from the eternal, living word of God.

BORN
AGAIN
LIFE
QUICKLY
END
NEW
LAST
FOREVER
COMES
ETERNAL
LIVING
WORD
GOD

1 Peter 2:16-17a

L H V N L J X G X X N Q
I E O E V I L O R P M D
V Q L N N L D D L P Z C
E T M P O K Y K J M O S
V E J O O R P R Q V T W
L Z V V D E K R E N L U
D D Z E G E P R A M S R
K B Z B R T E V M I B M
V N J M Y Y R R N W W T
M J P T Q E O G F B M D
D Q Y Y S T T N M W V N
X J M R J Z Z Y E B N W

Live as people who are free, not using your freedom as a cover-up for evil, but living as servants of God. Honor everyone.

LIVE
PEOPLE
USING
FREEDOM
COVER
EVIL
SERVANTS
GOD
HONOR
EVERYONE

1 Peter 2:24-25

P M Z T X Q Z W D K K N Z R X
R W L J R N D E J Z R L S D N
T J D R V Q N M Y L B S M V B
S X D R Y R Y A N Y E O M Y B
H H L N U L R W N N J B D K D
E D E T W T N A S W T L P Y R
A R E P S B I U S O U L S M B
L R R A H D O S I N S F E K Z
E P X T R E W K X V X R R D B
D M R A T S R O Y X O B B E S
T X U H E M H D U B Y Y X S E
N G G V G Q R E Y N L Y O J X
M I I Y V N K Y E K D R N T R
R L L R M B P Q D P C S R Q J

He himself bore our sins in his body on the cross, so that, free from sins, we might live for righteousness; by his wounds you have been healed. For you were going astray like sheep, but now you have returned to the shepherd and guardian of your souls.

BORE
SINS
BODY
CROSS
FREE
LIVE
RIGHTEOUSNESS
WOUNDS
HEALED
ASTRAY
SHEEP
RETURNED
SHEPHERD
GUARDIAN
SOULS

1 Peter 5:10

S S N K J V E F N G N
T H T Q I L A R I O K
R A P S T N D F I R T
E R R T U E D T T S M
N E I E L F A N I E T
G L T L S D F R E R R
T L A E N T H E O S S
H C O U R C O P R U S
E G O R R N P R S E K
N F O B Y U A E E D D
M Y B D S R J L J L N

In his kindness God called you to share in his eternal glory by means of Christ Jesus. So after you have suffered a little while, he will restore, support, and strengthen you, and he will place you on a firm foundation.

KINDNESS
GOD
CALLED
SHARE
ETERNAL
GLORY
CHRIST
JESUS
AFTER
SUFFERED
LITTLE
RESTORE
SUPPORT
STRENGTHEN
FIRM
FOUNDATION

2 Peter 1:2-3

G E V E R Y T H I N G
O R C M D E R D E E N
O J Y N C E E O G W N
D D E A A N L D L L K
N E E S I D E L T G J
E P C V U L N P A N L
S D I A W S O U E C Y
S D R O R W G V B J P
R N N O E G I O T A Y
N K G R L G N T D T D

Grace and peace be yours in abundance through the knowledge of God and of Jesus our Lord. His divine power has given us everything we need for a godly life through our knowledge of him who called us by his own glory and goodness.

GRACE
PEACE
ABUNDANCE
KNOWLEDGE
GOD
JESUS
LORD
DIVINE
POWER
GIVEN
EVERYTHING
NEED
CALLED
GLORY
GOODNESS

2 Peter 1:4

E N A B L E E R U T A N
C P R O M I S E S Z C R
N D S B E X G G N O Y K
E E D U J P L I R B T T
L S I T O O A R V A Y R
L I V H R I U C E E E Z
E R I Y U P C R S R N D
C E N B T M G E A E R W
X S E I V R A H R V T Z
E Y O P Z Y S N L P R X
M N M X L N J R L R N L

And because of his glory and excellence, he has given us great and precious promises. These are the promises that enable you to share his divine nature and escape the world's corruption caused by human desires.

GLORY
EXCELLENCE
GIVEN
GREAT
PRECIOUS
PROMISES
ENABLE
SHARE
DIVINE
NATURE
ESCAPE
CORRUPTION
HUMAN
DESIRES

2 Peter 1:10-11

C E R T A I N T J S P M B
S C R B J P N T R E O M E
A J H D R E R E J D S C D
V T X R G O T A G R N U M
I Y Y I I S T N C A R X S
O J L B I S I H R T E X L
R I V S J K T T E L I A D
D C A L L I N G B R N C B
L D H Z D E Z M Z R S Z E
O N M O T R U N E V E R T
R B R K I T X T R N Q Q Y
D B J P S C E R M W Y X L
L L D M R T E V T D R T G

Therefore, brothers and sisters, be all the more diligent to make certain about His calling and choice of you; for as long as you practice these things, you will never stumble; for in this way the entrance into the eternal kingdom of our Lord and Savior Jesus Christ will be abundantly supplied to you.

BROTHERS
SISTERS
DILIGENT
CERTAIN
CALLING
CHOICE
PRACTICE
NEVER
STUMBLE
ENTRANCE
ETERNAL
KINGDOM
LORD
SAVIOR
JESUS
CHRIST

2 Peter 2:20

N T G N I N N I G E B
E O W K G W R Z N P R
M C I G N O O T Q E K
O H D T I O A R S X N
C R T V P N W C S S K
R I A W G U A I U E W
E S L L O P R S N X D
V T E O E R E R Q G V
O D M D R J L N O M V
J M N R N D Z D D C X

If they have escaped the corruption of the world by knowing our Lord and Savior Jesus Christ and are again entangled in it and are overcome, they are worse off at the end than they were at the beginning.

ESCAPED
CORRUPTION
WORLD
KNOWING
LORD
SAVIOR
JESUS
CHRIST
ENTANGLED
OVERCOME
WORSE
END
BEGINNING

1 John 1:1b-2

R Y E I T S E L F N R M
P E L T D Y R B Y D T T
R S V K E E M F N O W T
O E N E H R I T L T V J
C E W T A T N D Z B R M
L N A I S L E A W O R D
A F X E T N E K L I F E
I T T X O H T D R J N M
M R D P M N P L Q T Q T

He is the Word of life. This one who is life itself was revealed to us, and we have seen him. And now we testify and proclaim to you that he is the one who is eternal life. He was with the Father, and then he was revealed to us.

WORD
LIFE
ONE
ITSELF
REVEALED
SEEN
NOW
TESTIFY
PROCLAIM
ETERNAL
WITH
FATHER

1 John 2:1

R I G H T E O U S V Y B L Q
A R C K T T N G F A T H E R
D D R H S H N T S H T T D B
O D V I I I E U H D A M Q K
E Q R O T L S S X I Z V V L
S H L I C E D W E E N K E Q
C W R I J A N R N L Q G K W
W W D L T J T O E L L J S L
J L Q M Q T Y E Q N D J T G
G G L Y W N L S I N T B N Q
N G R Q A T X E L X G K G M

My little children, I am writing these things to you so that you may not sin. But if anyone does sin, we have an advocate with the Father, Jesus Christ the righteous.

LITTLE
CHILDREN
WRITING
THESE
THINGS
SIN
ANYONE
DOES
HAVE
ADVOCATE
FATHER
JESUS
CHRIST
RIGHTEOUS

1 John 2:24-25

R B P T G L Y Y L W M G
Y T D R M W J D D N N P
P R X Q O Y L P G I N T
H E A R D M R V N O T W
V N E T T E I N S E Q N
N N A T H M I S D M E E
L H L T E G L I E H D R
W I A E E R B Z T A T K
L F F B T A N D M R T W
G R M E N Y R A T N X R
L Z K G J Y P T L M J L

Let what you heard from the beginning abide in you. If what you heard from the beginning abides in you, then you too will abide in the Son and in the Father. And this is the promise that he made to us—eternal life.

LET
WHAT
HEARD
BEGINNING
ABIDE
THEN
SON
FATHER
PROMISE
MADE
ETERNAL
LIFE

1 John 3:2-3

E K N O W W Y D R G
V C H I M S E L F D
E J H T P V K D O S
R U M I O M E G E J
Y S S L L R L I K E
O T E E A D F E P Q
N B E E T I R O G Z
E E P D R U H E B R
S P M U P L N Z N Q
A B P K J L Z Q J R

Beloved, now we are children of God, and it has not appeared as yet what we will be. We know that when He appears, we will be like Him, because we will see Him just as He is. And everyone who has this hope set on Him purifies himself, just as He is pure.

BELOVED
CHILDREN
GOD
APPEARED
KNOW
LIKE
SEE
JUST
EVERYONE
HOPE
SET
PURIFIES
HIMSELF
PURE

1 John 4:9-10

W S T H R O U G H N D Z
O N A B R T J Z O T T G
R D O C R E Q S S E N T
L T Y N R G V D X I Q Q
D Y W Y L I B E N P M Z
S Y T L P Y F O A T R E
I R R Y J T T I D L V J
N Y Z T Q A B O C I E Y
S Y L O V E G G L E R D

God's love was revealed among us in this way: God sent his only Son into the world so that we might live through him. In this is love, not that we loved God but that he loved us and sent his Son to be the atoning sacrifice for our sins.

LOVE
REVEALED
GOD
SENT
ONLY
SON
WORLD
LIVE
THROUGH
ATONING
SACRIFICE
SINS

1 John 4:13-16a

T L S D S Z F T Q L D Z W T
N O L A B P Y A S G J Z B N
T V B K V J I S T W O L Y M
E E Y E L I E R D H Q D M Y
S T M R L F O L I Y E S O N
T W W K N I W R X T T R Q Y
I K O O J N E A T R N Z N P
F N C R S T L V B E M E L D
Y O N U L L Z M E I V D J Q
X W S B B D X S X I D R T M
R E W V R Z R V G K L E X X
J Y B T N J L D M W V K X Y

By this we know that we abide in him and he in us, because he has given us of his Spirit. And we have seen and do testify that the Father has sent his Son as the Savior of the world. God abides in those who confess that Jesus is the Son of God, and they abide in God. So we have known and believe the love that God has for us.

KNOW
ABIDE
GIVEN
SPIRIT
SEEN
TESTIFY
FATHER
SON
SAVIOR
WORLD
CONFESS
JESUS
GOD
BELIEVE
LOVE

1 John 5:4-5

S U S E J W T T M T G M T K
T Q Z N Q B E K T O Q H Q A
P Q V X T L T B D R R V G B
J D D D T N Y D D O I A E Q
D Z L T P R T P U C I L R B
L E A R E J N G T N I D M K
I B F V O T H O S E K M A D
V H E E D W R T V L Y C N N
E Y T B A Y Z E V L H J B J
D L Z I K T T V Z I P N W N
J L L D A M S Z E J M V I M
K D I K D F G V L T K M B W
V J D H K Y E G B W Q K G L
N D L B C R X Y K J B W R J

For every child of God defeats this evil world, and we achieve this victory through our faith. And who can win this battle against the world? Only those who believe that Jesus is the Son of God.

EVERY
CHILD
GOD
DEFEATS
EVIL
WORLD
ACHIEVE
VICTORY
THROUGH
FAITH
WIN
BATTLE
AGAINST
BELIEVE
JESUS

1 John 5:13-14

S A D E W W S L A W G J
S W N O M G I C N R Q V
E E N Y N A C L E X Z D
N K V I T O N T L M Y Q
D S H E R H E W W R B T
L T R D I R I R L I F E
O L I A N L I N S J T D
B N S A E T E O G Q K D
G K L X E H N B D O G M

I write these things to you who believe in the name of the Son of God, so that you may know that you have eternal life. And this is the boldness we have in him, that if we ask anything according to his will, he hears us.

WRITE
THINGS
BELIEVE
NAME
SON
GOD
KNOW
ETERNAL
LIFE
BOLDNESS
ASK
ANYTHING
ACCORDING
WILL
HEARS

1 John 5:19-20

U N L A N R E T E Q L G K
Z N E S B Y B R Y E S W R
X Q D R E Q R G Z U O O E
J N R E D I Q L Q R P L N
P K J Q R L L R L T O G D
R E D N U S I D T H O V P
G L L B X E T H W D V O Z
N I M L M R D A C K W X M
N V V O I D D X N E V M B
X E C E Q F W Y R D M B N
Y Y N T N R E O R W I N R
X T K R D V N M N K M N X
Z T K P M Q R D R K J B G

We know that we are God's children, and that the whole world lies under the power of the evil one. And we know that the Son of God has come and has given us understanding so that we may know him who is true; and we are in him who is true, in his Son Jesus Christ. He is the true God and eternal life.

KNOW
CHILDREN
WHOLE
WORLD
LIES
UNDER
POWER
EVIL
SON
GOD
COME
GIVEN
UNDERSTANDING
TRUE
ETERNAL
LIFE

Revelation 1:5b–6

K S R N L D Y L Q T
I D T W R R O E Y S
N E G S O V V O I Z
G E B L E R D N L F
D R G S E I S B A B
O F O S R R R T T R
M B D E R A H P E Z
V Y W D Q E M V D L
K O L A R D E E B Y
P J P M G M D B N Q

To him who loves us and has freed us from our sins by his blood, and has made us to be a kingdom and priests to serve his God and Father—to him be glory and power for ever and ever! Amen.

LOVES
FREED
SINS
BLOOD
MADE
KINGDOM
PRIESTS
SERVE
GOD
FATHER
GLORY
POWER
EVER
AMEN

Revelation 1:18b-19

F Y D T W B W R I T E M
E O K M E Z P H A V E T
K Q R H S L W M T Q V Y
A M O E A E N W D W Z R
T L A C V Z D Z M D G Q
D T E L G E G A E Y N D
D N H Y I Y R A H R R V
I W E I L V T M S Y E K
E R K E N H E T O V T V
D Q Z M S G L B B R D K
N M B V Y Z S D Z T E Y

"I died, and behold I am alive forevermore, and I have the keys of Death and Hades. Write therefore the things that you have seen, those that are and those that are to take place after this."

DIED
BEHOLD
ALIVE
FOREVERMORE
HAVE
KEYS
DEATH
HADES
WRITE
THINGS
SEEN
TAKE
PLACE

Revelation 3:11-12

S E J S N E Z I T I C
N U M E L C Y N P L D
H T O A R J O I O L T
N E L I N U L M O O J
E W A E R L S H I Z S
N L O V A O W A W N Y
E D P R E V T R L T G
V O S M C N E C I E R
E W D L E Q R C I T M
R N B O T T D W Y V E
Z R R D G J V M R T M

I am coming soon. Hold on to what you have, so that no one will take away your crown. All who are victorious will become pillars in the Temple of my God, and they will never have to leave it. And I will write on them the name of my God, and they will be citizens in the city of my God—the new Jerusalem that comes down from heaven from my God.

COMING
SOON
HOLD
CROWN
VICTORIOUS
PILLARS
TEMPLE
GOD
NEVER
LEAVE
WRITE
NAME
CITIZENS
CITY
JERUSALEM
DOWN
HEAVEN

Revelation 17:14

F K I N G T L T L
B A R S A G O L T
M T I E E G W S A
A C F T E N N Y D
L E H T H I O E M
D D H O A F L T L
D E W G S L U O V
R X A B A E R L Y
Y M R C Z D N X M

"Together they will go to war against the Lamb, but the Lamb will defeat them because he is Lord of all lords and King of all kings. And his called and chosen and faithful ones will be with him."

TOGETHER
WAR
AGAINST
LAMB
DEFEAT
LORD
ALL
KING
CALLED
CHOSEN
FAITHFUL
ONES

Revelation 21:5a, 6

E T H I R S T Y R B R Z
J V J S R A A R E T A W
S E E L G G H G D F N M
I N Q R E N I P I L Z T
T O Y M Y N I N L M Y X
T R O L N T I R A A T W
I H J I E S H K P G B X
N T N F H E I I I S J M
G G I E N N R V N W E N
X L D D G Z E F L G N B

And the one sitting on the throne said, "Look, I am making everything new!" And he also said, "It is finished! I am the Alpha and the Omega—the Beginning and the End. To all who are thirsty I will give freely from the springs of the water of life."

SITTING
THRONE
MAKING
EVERYTHING
NEW
FINISHED
ALPHA
OMEGA
BEGINNING
END
THIRSTY
GIVE
FREELY
SPRINGS
WATER
LIFE

Revelation 22:17

S C D R R T Y K T B
E O T T E T F A R G
H M I R S T K I P Z
S E R R T E A L G B
I D I B B B B W X Y
W H P F R H E A R S
T L S I R F O K P W
T Z D Z I E V N L N
D E D L P W E N E N

The Spirit and the bride say, "Come!" And let the one who hears say, "Come!" Let the one who is thirsty come; and let the one who wishes take the free gift of the water of life.

SPIRIT
BRIDE
COME
ONE
HEARS
THIRSTY
WISHES
TAKE
FREE
GIFT
WATER
LIFE

ANSWER KEY

Job 19:25-27

S D H S E L F R R R
H N E W O N K E M K
E W R S J K M B Z M
A O L A T E Y E S K
R L E M E R Y D S J
T N I D P Y O T M E
D L E V S Y A Y A J
B R G K E N T R E B
T O I M D S T Y P D
D N Z Y M H P N T B

Psalm 34:18-19

B J L L Y N Y J T W G J L M
R R Y Q V R G K Y E J J S T
E E O L M S M B M D B U T L
S N A K E G L I E L O M L X
C W T C E J T H D E L Q Y D
U J A R H N S S T T P D M Y
E F R M O U H H P C O M E S
S L B J R U G E C I L J R T
Y Z D C M I B K A L R B R D
R L V R R J L L Z R O I W R
M R W D D D N M E D T S T L
R A Y B N Q B N R S L E E S
N P N R J L L O R Y X Y D B
T M Q Y R Q L X W T D L G T

Psalm 69:33-35a

T P D T P R J E J G D K Q D
N N Q V M E Z J S E O G N T
Y M O V E V Q E S I X D X L
E V I T P A C P L Y A N X D
H V R V Q S I K V P D R D V
D E D D V S B R L R O E P J
R D A L E H E A R S H E E Q
O Y N V I Y Z J Y T Y H P N
L D Y L E U Y I R V A K N R
D Y K R N N B A O D N N S T
K Q J Z T Z E E U N M E P Y
M X Y M D W Y J R X A M N N
N P D Y Z J L Y M S M N V R

Psalm 91:14-15

D E L I V E R M D J T S D
A P D N W N Z E T K E Y M
N C R B L M L N E G X D K
S A N K W B R U D D J L T
W L M K U M C E E W R C L
E L D O Y S L S N R E Z D
R D R X E W U Y T T Y W G
R T T R O A D L O J Y B M
M T Z N C R H R O D T M Z
M J K E O W P O Q V E Z B
G C B L Y T K V N M E Y L
A P Y T X M T G A O K S X
B Y B K Y R J N G X R J T

Psalm 107:13-14

T B R O K E V Y S
D A R K N E S S W
T S L O X L E N B
R A C J U R O T P
O V Y H T G D R R
U E A S A E H E D
B D I W I I T T M
L D M R A T N R G
E W C B U Y P S T

Psalm 107:15-16

N Z P R L T T J N S W D V Y W
G Q N J Y Y T Y R T M M M L M
J W G K J H N A T N R T X T N
T D K N A R B D T G Q T T R B
B R N N I D E E D S G P M R K
L X K O Q L S W G D W I W R Y
U S T R T K I M R T Y L V D R
F N W I A G M A N K I N D E M
R N N E A V H R F G L N W O D
E N R T G M B G B N D O Y Y R
D B E S T U C R U T U R V X M
N S W P K R O K W O G N O E X
O M Q R Z N M N P B R D D L K
W R L L Z Q D Y K R Z H J V Y
Q P J E M X W L J R T J T D N

Psalm 118:5-7a

Y A P E O P L E R
E M N L O R D S Q
S P T S E W S B P
M E R E W E H L D
S E R A R E R A L
H F R T Y A R L T
T E S E E E F E T
T I L F T T D O D
D P V P V M V B R

Isaiah 4:2

R V B S Y X T M L T X D
H Q S R U H W U R Z T X
C G Z R A O F P R I D E
N L L T O I I R D T L B
A O X O T V N R I A N Y
R R L U R Y I U O R Y R
B Y A E W D R V R L G T
T E Z L A F R Y R M G Z
B B A Z N R X Q K U Z N
L N R R P V S Q X K S K
D P Y Y M R G I J G V B

Isaiah 9:2

D T X N B H J D O D
D E K L A W A H J D
P M V V I R W S T J
J E E I K G H T Y M
T R O N L I H V Z D
Q H E P N G L T E Y
Y S O E L A R E Y B
S E D S N E P E G P
Q E T D E Q J Q A T
K N Z D Y K N L D T

Isaiah 9:6

D G G M I G H T Y Y G L X
S H O U L D E R S N R O B
R W D V T D N G I Y R J G
E J O S E D P T T O Y D Y
H Y E N E R S E L N P K M
T R O L D A N E A R D D R
A S L G L E S M I C C J B
F A L R I N R N E H E Y L
C B E N U V C F I N T M D
L V M O N E E L U W T D M
E B C R B J D N T L B P Z

Isaiah 25:7-8a

M Y T B M Y X P L R R Y K P
N O M B R E V E R O F J D T
X M U N M R L O Y L M U Z N
D N M N Q Q T P P T O Y S V
Y A J G T R M L W R D N Q X
O M E T S A C E H J O S W G
R Z Y R X K I S M I W L Z M
T R V J P N K N T A A B G B
S H E E T S W A L D Y L Y J
E M D V D P N L M Q E D L T
D J B J O P O D W R R A R X
T L J M K W Z K J G R X T K
W N L T Q J B B W N B B J H

Isaiah 25:8b

F E W A W A Y E
A A I G O D C N
C R P N M A E Y
E T E E R K S Z
S H K G O R D D
L A S P A P R L
T I S E Y O L Y
D L T M L A X E

Isaiah 42:1, 4

T J T T D M G W N X D T J Y
E S U F T G D E L I G H T S
A L E S A E A R T H J N T D
C N X R T I R L N B Z Q E N
H M M M V I N R M R T H E T
I P P N Z A C T M K S S G L
N M Q T A T N E N U O D U Q
G P W B I T B T R H L O Z N
P T A R J D I C C O S G P D
T D I X M N T O H Q N Z W N
N P T Y M R T P N I T J K B
S P L M Z T U W R S J T L M
V R M Z M J Y B N N N V T X

Isaiah 51:5

G P J D I S T A N T M
N S O U M G N O R T S
I A D W S E I T I A W
M Z T N E T R H O P E
O G O I A R I C L J N
C O N V O L F C Y L T
S Y L I A N O U E Q P
Y A L D R D S O L P L
S J M D M B Z R K L M

Isaiah 52:2-3

Y K N D E Y N R Q J M R G
T O R O E K E O E T M D M
D O U N T T A R I K J J B
L E O R H H U H C Z G D J
L M M G S S I A S B Y R Q
J O U E A E P N O G Q Z N
Y A O L E T L N G N W J M
D L E S I D D F E S I R B
M M G V E S E C M D L O S
R K E N D T K R T S U D T

Isaiah 52:10

S E M J R D K K Y
A E Z S R L B W M
L S N O I T A N J
V D L H E G J L G
A D M E O N H O V
T X E A Y L D T D
I B R R L Y Y S W
O M T T A L V M D
N M R H L B P T T

Isaiah 61:1

N G I E R E V O S K D D D
P D M D M P C T M Z D E L
S R Z W O V I O Q L T M D
E D I O P R L D M R N E D
V E R S I R E Y A F S T S
I E P P O T O E L A O W L
T R S R N N H C E R E R Z
P F L I D N E L L N R K T
A R O Y E O E R Q A T M V
C N L K Q R O G S X I X R
A W O V R R T G K Y N M Y
N R R L J Y P T R R J T V
B G D Y R Q J J L G Q B Y

Jeremiah 23:5

T Q T Y L G V W R G E R
S U O E T H G I R X E C
L A E D D Z T V E C O T
Z M M B V Y Y C I M G R
H N R K Y L U T I Q E R
D C Y G E T S N K I N G
A J N S E U G Y G S M P
V D I A J R L N Y R Q G
I W R L R E A A W L J D
D B A O R B D I D B G P
P N L U L Y K D S G M M
D Q S M K G G T N E Z P

Jeremiah 23:6

H M W E Y N D N Y Y W R J R
A D Z V D W N N S Z R M I K
D Y E I W J I A D Q J G D M
U X N L T T F L Z W H I C H
J X M N L E R Y L T L D B Y
L T D Y T A P J E E E J T M
G Q Y Y L Z C O A V G Z Y R
T Y X P R M U R A L Z K M B
N X D P X S S S D T O Y M B
T K M M N I L N N A T R R J
Z M D E Z D Z Y P A Y L D B
Z L S D Q N Y P W B M S X N
D S R Y L N R V D Y L E T D

Micah 5:4-5a

H D Z N L F E V W Z L V Z
T R K Y L M Z N Y V Z X T
G O Y O A K X X T G G J L
N L C N A H L R G A N N J
E K T M S R T D E R E Y Q
R L B Q A H I R T M B R J
T O N E T J E S A Y A N G
S E C A E P E P E E Y I M
D B T L Y L N S H P J T N
Z Y T R T D D D T E L Y R
R T M J X T S L G Y R M Y
J X Q L N Q Y Z B R T D B

Zechariah 9:9

M S U O E T H G I R Q T Y
R E S A L V A T I O N N W
E T L T T G R E A T L Y N
T D Z A Z N C Y E K N O D
H C L I S I C O M I N G Y
G O Q O O U T R I U M P H
U L L J H N R H U M B L E
A T E N J E Y E S H O U T
D R G N I K B D J L R X N

Malachi 4:2

S S E N S U O E T H G I R
G C W X Z H E A L I N G J
N A I T D K E R E Y O J G
I L N P I R A S R E J M D
P V G L U E I J E W M B V
A E S T F R N R I O U T B
E S S U E D F L P Q J N N
L A Z M N M L P N M R M D
P T A Z L K Q Y K N Y T J
B N R M D V Z V R G D Y Q

Matthew 10:7-8

M H B L S N O M E D R W J
O E E M E M B Y N A J D Y
D A K G Y P C B I L W Z L
G V P D A L R S Y J Z W J
N E Q R E S E O P Y N X W
I N Q A O V S E S M D N G
K E N J D C I E R Y L W Y
L S M A Y G L E M F R L V
E A E O N I J A C K C I S
T D E Z C V R Q I E X T M
J L Y H T E T W P M R M Q

Matthew 11:28-30

H T F I N D S B G T
U R L R T O U E C B
M A A L U R N O Y G
B E W L D T M V R P
L H S E L E T S E R
E E N E A T H G I L
Q E K T A R E K O Y
D R J A X S Y D B M
M Y D J T Q Y K W Y

Mark 5:27-29

G C L O T H E S X D Q
N B N D E D D Y D X T
I M L A E X W N D O Y
R R R E M P I O U O J
E D B Y E H P C R E B
F H K C E D H O S C L
F D E B L E I U T X J
U T E A D O S N J S Z
S R L E L N A R G B J
R G L E R E L K V N R
L Y Y K F F D Y V K L

Mark 5:33-34

H S D M P Q K Z T P X D
E Y U E T N D R N N B R
A R A F O R E R A E F J
L C E W F M U M B H N D
E V I T B E O T T R L G
D N E L H W R I H F L Q
G E I L T G A I E M A C
T N E E O F U L N Q L G
G N E R W H L A R G N N
Q F N J F D W M D P D Y

Luke 2:11-12

M D L R Y G C G N B Y D R
P K D V Y L N L N W O T D
D N X E S A V I O R L R D
Y M M H P N W J Y T T Z N
R P J G A P B Y L L H R T
Y L L D L I A B D J N S R
D K T O D D S R V X L E P
I L R F O Y R S W N G N M
V D I T B L R M E N G X D
A N D A B L P Q A M J I K
D M B K P Y Y M Z R Y X S

Luke 4:18-19

M G Y L J K J L R M P M T L
O D E S S E R P P O N T T K
D W X A J P W L V J Y E P T
E G B R N W K X J M R R W M
E T N T M O Z S Q B O L J S
R H T B Q L I T P C P Y R P
F G B L I N D N L I R T R Q
A I N G G R M A T E R I J W
V S Q O O M I V C E S I Z Q
O K O O W M D O M O D K T L
R D P R J N V V N M N Z N T
Y B R G B E Q E K Z T G Q W
B R R O R N R P T B X T K J
D P N Y L S Y L J Y R T L G

Luke 13:11-12

A I L M E N T C F L N Y M
D P V M Y M R R Q R E T Y
E V P J L I E V Y I M X N
L M M E P E S S G G P T L
L R Q P A R T H Z Y N L Q
A S L N A R T U N A B L E
C E P E A E E S Z S W B L
D M Y I E M T D U T N E B
Y R G N R A O S N N X Y K
P H M K N I E W L N L K X
T G R D Q J T W Q K G D M

John 3:16-17

G D M X X R J D Y R T Z B Y
E O H B M B E L I E V E S D
Y T D S L V G Q B N O D E X
J X E D I W Y R M O B V D L
T M X R D R M Q N D A R T R
R D P N N V E D W S G H K D
D E M M L A E P T A R L W R
E L V Q V M L P V O J Y L V
O F R E N Y D E U M X T S K
N B I O O D J G L O V E D R
L L V L W H H B N J N N O S
Y P V B M T W Q P D K T Y L

John 6:35

Y L R T Q B M B R S D X
S I L B J V Z R E A W Q
E F D N Z J J M E N K G
V E R R X E O R T G K P
E T B E S C B L Q L X M
I Y X U V D H T T K Q V
L K S J B E H U G D X Q
E R L S N I O N N R Z R
B Y A R R R B H E G W B
G I Z S B G W V W I R G
D G T J W D E V L D X Y
X Y R D B N R L W R V L

John 6:51

H B R D S T R L E J N M
S N R I L E C V E F I L
E N H E V R I A L N P L
L T W E A G O I M J N P
F Q R O J D V W Y E P R
B O S R D I H E A V E N
F L T E N O Y N A W Y J
Q I A G L N W M I X X R
L V E X B G Y L K V P X
G E D N W M L D N Q T Q

John 8:12

D R T H G I L P E R O M D
E A M B Q G R M D Z B J X
W L R L B E C A U S E R V
O N P K I D Z K K L S P P
R S T O N F X B M U M P D
L D T L E E E K S E M Z W
D A B Z D P S E X Q C A W
W E M K B L J S F W L N E
L L X M T Y S O L K D V O
G Y Y L T Y L P Y X A D B
Z D Q Q X L T T O H J K B
X J P W O V R R N K V W G
P J R W D G V N J M E R B

John 8:31-32

L M B Z J D K Y Y Y V N D
V L N Z E E B J L D T L Y
K B D E T P S L E T B B K
G X R I L E A U N W T X B
S F M P S E A X S P S E T
T A B Y R C P C K D Y D D
R Q I R P M I M H L M E N
U G J D P L K P X I V G J
T H T B K Q Z Y L E N M Z
H J O T W N L T I E W G M
X L N L J P O L H D S Z Y
M Y N Q D J E W M E Y Y N
Y M D X R B B J M T N D Q

John 8:34-36

E V E R Y O N E M N W
S T N T G T P N N N P
L K J Y R R Q I S S R
A D P K N U A Y T O R
V V R V G M L I B E N
E D G L E L M Y V P E
T J J R A M H E R E N
S Q L E O X R O R D T
S E R C S O R F U Q D
M I T N F U R X Y S J
N T N S N K S M N Q E

John 10:9

H C O M E F B P D
G F T L I D A S K
U T R N J S A Y M
O H D E T V S Y V
R O D U E G W E R
H S R D W L A H Y
T E L W O I Y T O
S L Y V N O L X E
R L Z D Z M G L Q

John 10:10-11

A Q Q B C Y P Y M P N
T B M S L O O C E R D
H H U X H R M E A G W
I A T N T E H E N M Q
E V M S D S P O S Z E
F E E S L A K H N N J
L D G Z T N N L E L Q
J I T O W E L T A R Y
R D F O O I A L L Y D
L G D E K D L L V Y S

John 11:25-26

R G W W I L L D X T N N R
E R D X B Q I J L Y M J L
S D D D N E R R M I D M J
U E L Q L X V Y M M F D L
R Q V Y B J X S Z T M E N
R E D E E X A Q N B Y R T
E D V S R I H N J R R Q L
C R U E D Y L G B Z J Q L
T S E B I N O R U E P I T
I P S B L L E N M O V Z D
O D O D N V E D E E H E W
N N H J E L R B B K G T N
R V T N N T V R D N Y M L

John 14:6-7

E B T M L D T D W P N Z R
M Y J E S U S J W K R T T
O T B B T J V L A T R O J
C L H H T U R T Y R L F K
J Y N R Y Y E V E D A Q Q
D Z B R O X Y A L T D N R
G G Q B C U L L H X E T Z
N X X E Y L G E N E G K Q
M D P Q Y L R H S W R X N
M T X K N X I O X R O L D
Z D J N L N R F H Y X N R
R P X D Z N T K E W O G K
N L D M R B K N Z W K R N

John 15:1-3

E T P F A T H E R A E B
G N Y R S F Y R G R M Q
A V I T O D R A T D R B
S P U V A D R U E R O M
S C R E E D U I I B D Z
E Y R U E P F C R T B Z
M L R N N I A A E E D L
A I E E R E N R U M V N
N R N U V C S R G Q X Z
V M P E H E T J G T L Z

Acts 2:24

E L B I S S O P M I T D
F D D P N L Z N E D N Q
R B E P D X K S O H J G
E T R S M L U G A B H P
E T U B I A E V T T O L
D X T T C A I H A W J D
K L W E M N R E E X Z R
M J B R G M D R L L W T

Acts 4:12

N M R Y R V N R E S L E
T O O H R E E P M G Y J
B Q I R E H D N E V I G
W G D T T A G N D R B T
V H S O A A V G U L P B
N U I M L V L E R T Y D
M A O C T M L S N N B N
L N M V H T S A V E D Y
G G X E J X D R S D N D

Acts 8:22-23

Y S T H G U O H T W
S E V I T P A C I M
U T V Z R P F C N R
O K D I R E K U E M
L L H A G E T P L E
A O Y E D R E T V L
E R N N L N O I I N
J D E G T D L F I B
X S Y T Y T R S N M
S R R Z J Q X P Q N

Acts 10:34-36

Y T P T M P J L J U Z
M T T R E R E E N Y A
E S I A E A F D S C P
S P C L R A E E C U L
S E P S A R C E A V S
A A I E S I P H N R E
G K B T T T T A I N S
E Q A H A E T R O N L
M N G B L I R Y A O G
D I L X O L N N R P W
R E R N G A A D D Y R

Acts 13:38-39

J S D R K S K S Z N D S S M
Q U E Y Q I D L S E S U T Y
E Y S T M N T E E E S Y P R
V P M T E S S R N E V N Z P
E T R I I O F E J S W Y P V
R T R O M F V X E W R L A W
Y F H J C I I V J E J Y R G
O M K R G L E C V G M V G L
N N T R O I A E A G M R W N
E M O J L U J I K T D T D Q
Q F L E Y B G R M J I B Y P
R M B W M J Y H B E X O Q X
D L J N R T D Y X V D Q N J

Acts 15:10

Z S R T E L P R S Q G K
N J E K H U M R R P W T
T E O L T E O N E C K S
S Y I T I T N Q M X R R
E Y I T S T N W W M K W
T N H E H Y N A B L E L
G T C W M E N E N J M V
P N R A E B R O G O D N
A T T Y T K L N W L M L

Romans 3:22b-24

D E I F I T S U J D G
Y S F A L L D Q I R N
L H J D T C X F A O W
E O B E H D F C I E P
E R G R S E E T J G Y
R T I L R U P N E M G
F S Y E O M S N N Q Y
T R N G E R T V W I J
D C O D M I Y L R R S
E D E N L T K L Q Q N
V R R E D B Q A B W T

Romans 3:25a

D E Y X E L P O E P
E T C J E S U S B M
T H N I K L L G E D
N G E M F I N V B Y
E I H E F I E L D G
S R W E D I R O P W
E R N D L A O C P L
R X E E G L M S A B
P H B B B O N X I S
S X N N J V D Q N N

Romans 3:26b

R I G H T E O U S N E S S
N D V W G S Z B J P D Q D
B J M B T R I L R E G W J
E V E I L E B N M I H T B
T H G I R Q D O N E A S J
J T N Y R Y N W N E I F P
E S F L E S M I H G R T D
S U N L T S R G H L M S M
U J D R E L R T O T Z R T
S T A K T J D D Y D K M D
N T A D T L V B K G T R D
E M M W J L W Q D P J D Q

Romans 3:28-30

D E S I C M U C R I C P
D N K H V M X J L B N L
S E L I T N E G L J K K
T H I G J I Q N E B G D
R W O F O J A W W E N O
A A O L I D S F R G T T
P L W R D T O X N R M Y
A S L W K J S N Y J T R
T O A Z D S Y U L D N B
G L R G Y P X T J Y Y Q

Romans 6:6-7

D O N E R S L A V E S N
D E I F I C U R C D M G
L K Y A L P E Y U P L D
O P N D W E K E M L I O
N P M O O A S B R E E T
G S I N W B Y V D F E D
E Y Q Q M K M K M S M B
R L Y D Y N B Q V T Q L

Romans 6:8-9

L O N G E R Y Y Y B M D
B Y R R W V R J Y N V D
E B D O A E I C V A B T
L E N D T I A L G Z L K
I K C S C N S A D H T Y
E M A N N H I E T W O N
V M O O I N R A D D M W
E D T S M S E I E W N B
D E A D L D P I S B Y D
T J Y L R A D D G T M L

Romans 6:10-12

Y N B J Z B Y Z N M T B
O G T Z Y B N T N G K S
U I L L L Q L R N N E E
R E Y R A D E I D V V R
S R G T T T S D I I D S
E T S I R H C L L T E G
L L G C O U N T L R T L
V S K H M D T K I G O B
E Y U Y T Z D S F B Q B
S L D S L A E O E Z P Y
R K Y O E D E Y G J M Z
Z T L G B J J D L K V M

Romans 6:13-14

V Y D K R Y V B M Z M Y S N
R N L R Y N Q G W V X S Z G
R R W K R Z R N R B E K S W
D N L R M A D L X N W T M K
O T N M C M R Y S D N Q P Q
M H N E E E W U R E N Y D Z
I G T E D M O L M H T A E D
N U Y N S E B U L I F E Y L
I O U B T E R E T N N N M Z
O R D H Y T R D R W V P J J
N B G N S J O P A S R E V O
B I N N R G Y L Z K G T R N
R I I M Z B D D D Z M M J R
S T R L Q D T J N Q R Z Q Q

Romans 6:18-19a

R Y Q K N X W D Z D N G Q N
G T L V Z Y D D N N N J Q Z
I L L U S T R A T I O N M Z
N W Z P F P T E V Q R N D T
A Q E R S S W I V I N L L Y
T R E A R I L R G A P L E H
U E Y E K H N H D N L N L M
R N D T U N T B B V D S K W
E N D M B E E M O C E B N V
U R A W O T U S I N G V R Z
T N B U O D D Z S V W T Q K
N D S X G N J B L L J D M R

Romans 6:22-23

S A N C T I F I C A T I O N
G L M D Z Z S L E A D S V L
V I W V G G Z L J T B R N J
J F F Y O N V L A W J N K N
B E T T D Z N T M V J X Y G
D M S E V T M V Q R E D N D
R E E U I M T W A G E S L X
X R A U S S Z D V Y K A D N
F N R T I T R J X D N W Z W
N F W R H O T B V R N Y D D
B R H Q L N R T E I M K M Y
R C B Y M L X T S K M X N K
M B M L Y G E T B L D T B L

Romans 7:6

B V M M B D M B S Q W B T
O N W B P Q N L M E P N S
U M E Y T M J T Q D R S Z
N K N E L W I L R N E V R
D I E D B R T E E N R E E
J D T L I G L W D D T X B
B G Z P T E N L X T P M R
X J S N A E O I E W O N Z
Y M Q S S K M L V R M N J
W Q E S L R A Q F A Q L T
Y D M Z M W G R B T H K N

Romans 8:1-2

N B Q P Z W T L D X D D
T O Q T B O R B Y Q B Y
I T I B H N Q T J V V N
R H K T G E S J M L B D
I O E M A I R J E S U S
P S M F R N D E A T H K
S E T H I F M T F N X L
K Q C R R L S E M O A P
T E S E P D R I D W R J
Z M E N L J T Y N N L E
J G Y K M M G W G T O J
D M B T T Q N Z M Q L C

Romans 8:3-4

P R F L E S H G Y X V L
O L I G L L N G T M P P
W C V G O M Y T R Y N M
E L O O H D E J T D B T
R T R N F T Y T E R Y G
L G F Y D F E N B T L L
E N R U W E E O I Z E Q
S Y L A L K M R U V G J
S Y L Q A L I N I S O N
S I N E Y P Y L E N L T
D W W V S G Z P X D G X

Romans 8:15

B Y M Y Z Z J W Y F N L R D
A D O P T I O N S M E E T X
V B A M K S D T R L H A G W
N L G P R B P D X T A D R T
L V A M L G E I A Q D V V B
S K I Y B V J R R P D D E T
T O N M I D T M Z I Q P U S
V Z N E B R O U G H T O Y M
L K C S F A T H E R B R G N
L E L T H P A E W A C Y K Y
R I K L B I K B M M N X M V
D N V R Q A P X B T N L L Z
V P Y E M B P Y N A B Y V G

Romans 8:20-21

N D P B E Y R O L G D
Y O T N E G F G P R Y
S V I P O R A N O L D
Y U O T E I T D G D N
T H B E P G T N N E K
I B B J N U I A R O O
L Z Q G E L R D E B B
I D T S L C L R T R K
T Z E I D I T A O X C
U T W J H B I E J C L
F P Q C V N T T D R T

Romans 11:26-27

U M E L A S U R E J T A K E
O N E G Q D S R B V S L T Y
R D G Y D N E I J E Z N Y T
E X V O I P S V R Y A N Z M
S J N S D R J U A N T E R J
C R Y T A L T X E S M L J M
U Z B E J P I V K O L Z R L
E L L Z I M O N C A D Y T J
S T Z R N C J R E R J U K J
L T C Y A W A Q B S R L Q M
M S P M B Y B V M N S T X L

1 Corinthians 1:22-24

D S Y T D E L L A C S
Z K T L S N G I S S D
N C R U C I F I E D G
S M B W M Q R N G E W
K O L R P B H H N N H
E D O Y E S L T C C G
E S C S I W I I A D B
R I K L W L O E N O M
G W O G E E R P T G V
D O L S O P J H R G M
F M B Z G D Q G D T J

1 Corinthians 1:30-31

S S D O G J T W N T X W Y
A S T Q S R M E C R U O S
N E D S W T T B X P D R N
C N M X I T S J E M R O Y
T S X Y I R E A W F I X W
I U R R L S H D O T I B R
F O W D U Y E C P B R L L
I E W S N V R M W D M T M
C T V O Z B E I A T R T P
A H X Z R D S Q L C L O R
T G B B E D N D J M E J L
I I Q R O L E W N M Y B Q
O R G M P R J R Q K Y P R
N L J N X Z M B J R L Z Y

1 Corinthians 5:7-8

S M L V D H C T A B N
C A T A Y E N B T N S
E R C F V W K R M I Y
L E B R V I U C N A R
E V X E I T T C I Y L
B O Q S H F E S T W T
R S D H L R I S E S T
A S T O I I I C A F Z
T A W T U R V E E D Y
E P Y E H G Y E L D T
W X M C N P H O L J L

1 Corinthians 7:22-23

C H R I S T J W Y
C R N E H W O N E
A E E G D N N N L
L E L M D R S D Y
L R P L E L O P B
E F R A A M R L H
D O G V I I B I W
W T E O C D G E T
M D B E D H D V R

1 Corinthians 8:9

G F T B D Y S G G N
D U R N E I O N K Q
B B R E H C I U E T
S L T T E L O K R L
R O R M B D A M M S
B C M M Y T O D E P
D K U E C N Y M P L
Y T X N H A W E A K
S V M N D O R B L D
L V V V W X W E J M

1 Corinthians 9:1-3

A D L R V L B B D L J V
P E J B E Q O P R U R Y
O F E T D S S R D R T D
S E E S N U U G D L Q T
T N R W R R M L R N B L
L S F E O E Q N T M V D
E E L N N R H J E S U S
W Y E T L Y K T N B M D
M E J Y D A J Y O N T R
S M P X L K E R M T Y Y
Q T V N D T R S R V J B

1 Corinthians 9:19, 21b

S F B Y E H V G V
L R E M G V N R V
A E C U A I E X M
V E O C R S E N E
E H M B H L T R T
T A E A P R O E W
G L V O N N I A R
O L E A G Y L S V
D P M I X Q M K T

1 Corinthians 10:23-24

S R E H T O T G L G D C Z
Y Z T G B J N K J D O T P
D G G L O I W L L N V N R
Q B T N H O G Y S B G W J
W J E T I D D T N O T N X
N T Y N B H R N D E S Y G
D N H R E U T L J V L A M
A Z Y G C F U Y L A T Y Y
M V Y T I O I S R H P W J
D W I J H R O C E E L T R
V V Q S G Y W T I E V L D
E D M Q Y R N T N A K E P
G K J D D J D Q D G L N P

1 Corinthians 12:12-13

D D V T S I R H C S T Z T
T E D R I N K L E R L K V
I W Z Y Q L Y L R X J Q J
R D Q I D Q I D J V T T N
I G K L T T E S O D M K Y
P T D J N P D V W B Z J R
S Y R E Q D A E A E D T N
J W G F R P E B N L J Z G
O N E O J R A T N E S T B
M L G R F A Z R L B V P J
X D M M R T L D T V T I D
D K Z R L J G L R S V J G

1 Corinthians 15:3-5

P M L J M T B C P Q R K I Q
T V V L H N V D H K K M N B
W R D I D D T D L R P N W Q
E R R D E S I A R O I S D B
L D D I P E T E R P C S G T
V V R D Z D X T A R S K T B
E U E D V P A S I Y M N B B
B I L Y A N S P N O Y J I B
D N R L T E T T S K A Q B S
Q Z W N D U D T Y B D L L D
N N V Q R X L B B K G P Z R
G M Q E Q L Y N D Q W L M J
R X S R B M V M T Z R W D Q

1 Corinthians 15:47-49

S E L P O E P N A M T R
O M Z N D R A D A M F T
M A R Y P R L V D I Y V
E C T K D Y Y W R L P T
D V M T D T D S N X Q Q
A K S B S N T E L E M L
Y U B I O H V V L Q M G
D Z R C R A T I L Y B Z
T H E D E M H R L B T Y
C S Z H T W A R A I B L
T D M L T R P D N E K R
R M T T L R L G E T L E

2 Corinthians 1:20

M M L Z M B W X D P N
S E S I M O R P T E Z
X P H X P G P H M Z N
F I N D K L R A L L R
R E T T U O L Q S L J
V P Y T U R J G Y E A
X H L G X Y O L Z N Y
W K H B G D K N X J D

2 Corinthians 3:17-18

Q T R A N S F O R M E D W T
Z E D S E M O C D T I J B J
F R E E D O M S A N T W Q D
G E R Y L E P L C F A C E S
N H R B G I P R J P R G Z V
I W V A R M E R K Y J G Y Y
E W M I E A G V X B B Y R B
B I T T S D R L N J N J M W
L Z N I L R A V O U G M Y D
D O N Q Q O N L P R N G R K
C G M Q D L B M L L Y T L T

2 Corinthians 5:17-19a

N O I T A I L I C N O C E R
Y T R J G Y J M Q J R N Q V
R M S Z R N I L D E O M R V
Y G O N E N I T A Y T J V T
K N N O I T Y T N D B B B V
L Z L S S A I A N S N E W M
M D T I M O G L D U I P T Y
R R R T N D W A O R O N T T
Y H D L R O W C G R M C S M
C X R N J X B Z O D N W Q Z
N T R L W N V P Y M M D L N
M J T Y X D B Z V R E Q Y D

Galatians 2:20

G E M S O E L N D G Q W
N P A L E O V E X K T X
I H D R N L I I P M M J
T R I G T F F Z L T V M
S L E M I H T S I R H C
U R O C S Y L G Y P N R
R L U V D E A Y N Z K J
T R J O E V L O G O D W
C X B Y E D S F T Y R Q

Galatians 3:13

P W N E T T I R W R S
R A R J M D L C D E R
O L L O K B U N R K K
N M B T N R X U Y B R
O D Y H S G T K L L B
U C E E I P D C D J T
N H Z U I M R O K B E
C R U R C O S O I E Q
E I C N S S O E R N N
D S Z S G T E T L T G
M T K L D Z R R R F M

Galatians 3:22

Q S W L N N B X D X B B G
B W C D I V M Y T L Y G V
N E R R S B B W L B K Y P
N T L V I T P A Y P Z R W
X T X I G P Z S R L I D V
R Q D P E O T O U S K B L
C E Z E N V M U O S M D Y
H B C L C I I N R O E L W
R L Y E S L E N D E X J M
I T X E I R A E G R S T R
S G O D S V E R R Y K P M
T Z V N T R E Q E P G J J
M D N M F G T K K X G D W

Galatians 3:28-29

P E V A L S G J Q
R E O M H E I R S
O E N G N M A G T
M R E T N B A S T
I F I L R O I L S
S L J A A R L U E
E E H E H M S E A
J A E C W E E L B
M V P D J P L F B

Galatians 4:4-5

N S O N S H I P N
R O W Y E S R D T
P A I M L E E I L
L R O T C L M N N
W C E E P E U R T
W O I D T O O F T
H V M E E B D O G
E Z S A Z E X A Z
N N L Q N R M W R

Galatians 4:25-26

C Q N Z R N L X Z N L R X K
O I A N I S P Y A R A B I A
R Q B B Y T Q M R Y N Q J M
R M Q T N A T D Y E G V E G
E D I U N V B M M Q V L M N
S C O T M V K O K F A A N W
P M L T T G P J V S R E L P
O T R E H T O M U E R E K S
N N N P M Q N R V D H L E W
D T T E R R E N L A W R J G
S K D B S J M I G P T N Y V
Q Z Z T X E H A N J M D M K
D X L M M C R Q V N T D M W
Y R L M J M W P P Q N B B R

Galatians 5:1

T Y R E V A L S
H M T L Y A L M
E T Y I G O O J
R N S A M D K D
E M I I E B N E
F N R E R A U S
O M R I T H E S
R F G S F T C M
E D B P R L L Z

Galatians 5:5-6

N E A G E R L Y G E Y M Y R J
S O M T R G L V Z P C Q I N D
P H I R S V B B K O P G J G Y
I T R S N I T T U H H Y N D T
R I Z Y I H R N B T N I Z S B
I A B Y R C T H E L H W U T W
T F E O R S M O C T Z S A O Y
L W U V Z Z U U Y R E R R I Y
N G Z T O S G N C J G K M N T
H V M R N L A J Q R I N D P T
D B N E M Q T Y N N I N L L B
L R S T T W J M G J L C R B Y
P S Q D W D N L X K Y X N L Z

Galatians 5:13

S I N F U L Y C M T W T M
M V L N J M D O A B D Y M
Y N K S D A D W D L K Y N
D D A N E E J M T Y L R R
T N E T E R N W Y L S E R
T S S R U D V F M R I S D
U N F W L R S E E R R V Z
I R T Y B I E H E E D Q E
L Q R R T T T H T W W D B
K W Z A Y O T S L Q T E J
Y X S G R O I D O R N B T
V K L B N S X P V O D D D
R Y Z A N R B Z E T Q Z Y

Ephesians 1:6-7

K P U R C H A S E D
T I N F D V U X E Y
F O N O R O R S P D
S O O D I E I I E N
B L R R N A E R C E
B E O G R E U D C H
N L L P A O S A O S
G O D O P V R S N M
J R B R N G E I Y W
M M Y K Y G S Y N N

Ephesians 2:8-10

C R E A T E D D N R
C H R I S T O L D L
G D W M B G G E P D
R T R O S O R I E P
A B H U R A A V F H
C G S R P K A S T T
E E O E O S S I T K
J Y R O G U A J L J
T P L T D F G A T K
D D L J T N W H N R

Ephesians 2:19-20

X C X S Y M T H S W N D
G X O L T S E T O O M S
C E O R I R E M I U R B
I H N R N H A T B E S S
T T H T P E A N N E E E
I C O O I D R G G L R Y
Z P R G N L I S T E Y S
E P E U E E E S T L R S
N Z O O R T O S I O U S
S F R O P P H M M S N T
Y L F Q A L A E E W L E
L W L Z G F E J B Q R Q

Ephesians 3:10-12

C L M R C H R I S T N
E O R A T J N L T R E
T M N I N W E H O S Y
E F A F O I C S O R T
R F R N I A F P U M D
N C K E O D R O O S S
A X H R E U E D L M D
L R P U P D S N L D D
R P P R R I O A C O Y
A Z L M W C E M G E Y
K N T Q N R H D Z K G

Ephesians 4:7-8

A M E A S U R E B M
P C G G I V E N Y D
A M C X M L G T G E
C S M O P A I A C K
H N C O R V D A V T
R J E E I D R E F E
I P E T N G I I P H
S M P A J D G N G R
T A B J C L E I G P
C D R Y N H H D N K

Philippians 1:18b-19

E E S T S I R H C J Q L
D C U P H E L P S R G L
W L N N I B N Y X Y L X
O E L A I R E J O I C E
N A Q W R T I M B D G T
K D I P S E N T T B Y Z
Y L R U T G V O W X Y T
L A S B J M P I C J K J
Y E W J R B V B L Y N V
J T N Z N M R J R E G M
Q J X Z M K Q D W T D B

Philippians 3:20-21

C P O W E R Z B R C B N
Y I T Y N T M N O N E Y
L R T G B X R N E V M R
M Y S I B T T A A T B C
D L W U Z R G E R M H J
R W K X O E H A D R O L
S O D L R I N J I D X D
E L I L T S R S E Q Y B
I X Y V F I T O H S R T
D Z L O A X A W L I U D
O V R P Z S R W N G P S
B M B D Z B G G A T J L

Philippians 4:5b-7

G N I H T Y R E V E N J T B
S U P P L I C A T I O N B Q
U D S N D L P S V A X D Q B
R S Y T O G T R N G U A R D
P K U R S R Y Y D R T B Y K
A N D O A E T V E M I N D S
S O D E I H U Y C H R I S T
S W H O I X A Q J E S U S L
E N Y N G R N D E E C A E P
S W G Y P N G A V R M W T L

Philippians 4:12-13

N C L P T N D N J W S M L
E L I J R J L T L N X K N
A C B R L O Y Y E G L K P
Q Q N R C R S H D E E N N
E G R A G U T P T L B T F
L D N N D G M H E S Z I D
T E U I N N R S E R L D S
T H A E R O U C T L I G L
I Z R R U E R B E A N T L
L T J G N E F D A I N I Y
S Y H Y T E D F H W V C X
N J Y M K D D T U E T W E
W R N K L B Q G R S J N Y

Colossians 1:13-14

N O I T P M E D E R D G Q
D F O R G I V E N E S S R
M E Z D B N S L R G B Z R
O Y R L A N M R Q N N X T
D D T E I R E D O M A I N
G F E S V F K W Y Q N B V
N R R V S I G N H R N M Z
I O N N O L L Q E O V W W
K M A Z N L V E M S M X J
T R P O Y L E N D R S L N
T K S M P R R B D X N P L

Colossians 1:19-20

E P S G N I H T S R V
L L Z K N H D S X E G
I E Q T T I E E C M G
C A H R H N K A H D Q
N S A E L R E A Y S Y
O E X L A P O B M C Q
C D U L G V L U R M Y
E F L E P O E O G O D
R A N W O B S N D H W
P Z R D M S Y M B W M

Colossians 1:21-23

S Y R B D Q P L D X B R J J
E B Y V L T K E E W M W J N
I D J N M R T Z D P Y N T Z
M N E M Q A M N Z Y S K W R
E J R L N Y G D R P N O T T
N K R E I Z W J Y J Q G G Z
E L I D E C V T B F A I T H
E L J E E T N L H C B Y T V
A P Y A R V E O H G L O M B
D W O T F M I R C O I G D M
L N L H I T I L H E P S O Y
L M N S N S G L M L R Y D D
L L H D T N Z Q K V L J J R

Colossians 2:8

E G C H R I S T W T Y T R K
S G N S E K A T Z H B L L E
R R H I M C V L P M N D L G
E D U D D Q A O P O G E Q X
V S M D X R S P I L M K D W
I T A T B O O T T E P V T B
N I N B L Y I C N I L R D W
U R B I T D B T C T V D K Y
K I H B A J A Y I A T E L X
Q P Q R J L T E X M B L X R
J S T L M P C P Q K Q Y R D
Y Z X K M E B D V N T N D K
K T R E D K X R Q R N T D G

Colossians 3:1

S C J Z D X W T E M B Y K
E R H N T E M R X Y T T M
E A K R V T O T H I N G S
K I W A I F S E A T E D Q
I S H H E S E K H G D K J
N E B R E V T G J H P Z Y
G D E E O R I M T H A N D
G H Y B E R E I K E E P Y
T O A T M N W T N Y X R J
M R D D M N Y D L K Z M P

Colossians 3:2-4

D R M I N D S Y P
O O E H I D D E N
Y U G V L A S J C
E M R I E G L H Q
A V F G N A R S D
R E O I L I L I O
T S H B S O E E D
H T E T A D R G D
Z K P T L T T Y R

Colossians 3:9-11

V N G E N T I L E V M L R
Y M A W V W D Q L Q W Z M
D E S I C M U C R I C J Y
J Q S C R R X L D D Y N N
N K N E Y A R B W J E W M
M V N Y C T B E G A M I Y
T K G O S I H R N Y G N J
R T X I W E T I A E T N N
J O R Z V L S C A B W V K
F H T A N N E Z A N B E B
C R L A A D L D B R Z W D
D S E L E O F T G Q P D D
W X L E L R K M N E D L L
Y T N D Z B C K L P Z N Y

1 Timothy 2:5-6

W M H I M S E L F D A T
D I E G K B Y R O L J Z
N T T D M X Z G L R N M
I D T N I O W Z B Z W N
K G E E E A S E X P L D
N N N L S S T N R T C L
A O N U P W S O A H T M
M Z S G E O P E R R X G
Y E A E L E E I D P R D
J V N R R Z S P E M I T
E J R V K T K T K J P Z

2 Timothy 1:6-7

P L G S Y L L Y R Y N
G I F T D O A E X R Q
L L D M R N W Y A D E
R D W T D O A E I M M
J E N B P S F H A N B
D O M T J A Y L K G G
C B M I M E F J A E X
N P W R N R R V V J G
R A T I M D E O G B G
J D F P R J L R L O P
X T N S V D K K R T D

2 Timothy 1:9

D E V R E S E D P B T D
B J N B E S T L V B R Q
E Y G F H D A N E T M T
F V I O E N S G H T N Z
O L W L N A I R M T L Z
R T L W V N O G R A C E
E A S E N U S E L V W W
C D D I G Y V U E M I T
V O N H R I L T S M X L
D G D Z L H D O X E Y D
D J G L Q V C L H T J J

2 Timothy 1:10

Y T I L A T R O M M I Z
G I L L U M I N A T E D
N I A L P Y J B S L N Y
I E S Q G E T I I H G B
R K P A S V R F G W A Y
A O D U V H E U S W E N
E R S O C I O P O W E R
P B N G O R O D E A T H
P Q Y O H G M R R N N P
A B D T W L M J M W J G

2 Timothy 2:25-26

D Y B G Q Z M Q Z R N J Y G
E C O M E Q N H Q D T T D N
V M Z N T Z R Z E T X D P L
I E V I T P A C Y A T Q Y L
L N Z J T D E J Y L R J Q X
L Y S R X P L L G G T T K M
T M U T A Q B V E O Q N S Z
Z T D R R S C S D M D E E V
H X T G E U C H M G S L D G
B L M S B A C L A O J D J N
T L N Y P N G T P N L P D N
K E V E J Q N P X E G L R T
S M B Y V R O K H W M E V L

2 Timothy 4:18

K P Y J Y R D N W N W M Y X
I R J R K Y E E Y Y R K Z X
N N J M E M M L L Y D R J M
G R T D A V K B W I Y T F V
D P O J M B E J M M V O X X
O G B N M Q K R N K R E L Z
M L J P Q C X D Y E Q K R D
P N J T A Q Z L V B Q X Z N
T K D T L T N E Y B Y D Z K
Y N T O T E R L G Y R O L G
Q A R M V Y E T L N L I V E
T D S A J F T M L K I Y T R
M E E L A N W P I R G R M J
Y H R S M T K Y W L M T B D

Titus 2:11-13

W O R L D L Y D T Z D T X K M
D Q N M B J M V B P J G W R D
N D T B L R J T T L G E C K N
S A L V A T I O N N E H S O M
D E R A E P P A I W R S I U J
R M E Y G B N N A I R T S N S
M O V Z N J I I S Q A T D E N
V R I N V A T T Q T H Q L J D
D T L V R M P M S G E V B N K
Y Y B T A J T E I G R C T R N
Y H B M P S F R Z D O T A G T
L D O D L I P T X N R D L R B
Y Q Q P N U B Y R P P O L Z G
X J D A E W L B X L R R L Y M
T X M J N M M G Q Y Z Z Y R Z

Titus 2:14

D D Z C N G J Y D D W Y Y N
E V A G O L J R R M N D N G
R Z W K B M E K B J V J Y Y
B Y K L X N M S L M Q R L Q
B N J P Y P V I N R A L Y B
S I N Z E R T N T A A K E B
L R R O S D E E D T E V E Y
Z N P K I N D V O D E L R R
W L L V T O G T E R F D C M
E Z L D O R N F Y M L R B L
J R N G B M I D N J L T E B
Y V B W Y L O M Z M T W Q E
M Y B Q O R D Q D M W R M Y

Hebrews 2:3

L Y X Q L J L Z G W D P
N O I T A V L A S E M I
P D N E T K T S C Y G L
K P D Z S Y N N U N L J
M A K E S C U I O S T T
G T E P R O A R H D E L
R S D P N E E P R T O J
E R Y N S Z V A E R L Y
A I A W D D E I D Z M Z
T F X J Q H L T L T M V
P R G G Q T R Z B E M R
N M R M N M X Y M R D G

Hebrews 2:8b-9

A S U F F E R E D N S
U A G H L N T E O G V
T N L O L I N I N D R
H G O N Z W T I E E D
O E R O O I H T W Y V
R L Y R S T S O L L M
I S C O J A L H L E N
T E P P T E T A C V P
Y E B X N A S A V Z Y
Y N L Q E Z R U N V K
T R V D Y G J T S Y Y

Hebrews 2:14-15

Y T I N A M U H D
S L A V E R Y N B
C H I L D R E N D
F J N E I O A P M
W L A B L V O E D
E T E I R W E L F
H E V S E E E D B
R E R R H H A M L
S R Q F T Y M K R

Hebrews 4:14-15

T B S D N A T S R E D N U T
E D B W E A K N E S S E S Y
S D E R E T N E H E A V E N
T D Y T S G D D V H S R L L
I W R L R U E L L E I I J Z
N D R E M C S Z O M I G N N
G V A W A R T E Y H V L H Q
S T W F B S I R J G N Q E K
Z B G R E M M F P N Q Y K B
T Y L I R D N M D L B D V M
P Z R W Z G J B X R M R D J
B P K R R B L J J Q L M M Y

Hebrews 4:16

Q R N L B W Z V T L W P F
T H E R E F O R E M E I N
S S E N D L O B E N N Q L
P H L X Z N K R O D E M D
L P C M K N C R T C B E K
E M R A L Y H Z A I E G P
H D L E O T Z R L N M B B
R Y Q Z C R G B N N T E R
X K T M Z E P M W D D J Y
Y N G K R K I P J M R K L
M B Q L X D L V A L Q N Q
Y Z P V J T Z K E Z L Y M

Hebrews 6:19-20a

F S C U R T A I N K L
O A T L D P L A C E H
R L N E U N D Z T G R
E K T C A O I N I E B
R B R S H D S H V K S
U P E O E O F E E R L
N S P H R I R A E B S
N E U E A O R T S U L
E B N R F L N P S T J
R N B B E E F E K Z Y
I V Y M W B J M R R B

Hebrews 7:18-19

P I V N T T H T S G C
E Y N Q X O L S J O Y
R J P T P N E W M L M
F H R E R N T M A R N
E A Z E K O A R E L E
C N N A T N D M A D D
T D E D D T R U I E G
W W R M P O E S C O N
Q A E J F L A B D E D
W N L J L J N B P B D
T Z Y B N P P R L P B

Hebrews 9:13-14

S L P I H S R O W M C L R X
A X A X O T L Y N O J R B L
N H D N Z F F X N R V L P J
C B S X R I F S Q C L D R D
T W X I R E C E H S T A O G
I H I U M I T R R I X W M M
F E P T E E I E R E B V N Y
I I L N H S L I W U D L B B
E F C D T O P B L I V I N G
S E N O D S U L B L O O D T
N R W G X M S T N J V G G Z

Hebrews 9:15

E C N A T I R E H N I K R K J N
L J N P J M B Y T D N W B K L Q
M B V J N B M Q R L D T P Y P Y
L T B T W N N D J L N P T Y D P
D R R F N K M Z M O R W B B J Q
Y J R O V A E P S D D D M R Q Q
P E J Y T T N A R Y T T K G T Y
E R X Y E A E E B O D S D T L M
T N A R N R I N V E M W I G N L
N C N N M R Q D T O L I L R M N
T A A L S R E T E L C D S W H L
L T M L G O I C S M Z E R E G C
S N I S L M M E E T Y I N N D N
N L Q R M E T Z G I T D D M R V
Y Y Y O N R D Y D B V B V L D N
R D C N B T G W B X V E J Z T D

Hebrews 10:1

Q Z B N Y N D R G Q P Y K
P D M X D M Z N M B D R M
S A C R I F I C E S B Q N
P Y W D E S W E I V E R P
Y R O O N P P E W L T Q Y
S O O A R E E O M H J Q W
G Y E V R S D A I O M D Q
N L S F I A H N T O C Q N
C N E T H D G I S E L D M
Y C P S E S E E P A D Y R
T W R N Z M S M W P Y W J

Hebrews 12:1-2a

D S E S S E N T I W
E N W F S L O W S E
D O E A Z P R U N P
N I I I T S I D E L
U P G T C E U R Z T
O M H H C R F S T J
R A T A A E O R E S
R H R N C N I W E J
U C C T I P K Y D Y
S E S S S Y E J N G

Hebrews 13:5

P L X R L I V E S M R
C E N E V E R W Q N D
O L E E K A S R O F V
N V E K F M Y E L T Y
T T L A O R V T Y G M
E Y A N V A E D R Z W
N D E H H E O E V O L
T Y Z L W G V L N D K

Hebrews 13:8-9

Y L B Y L L B Y P P L D T
D E N E H T G N E R T S Q
T G S T E A C H I N G S V
S N A T D W F E D Q L K N
I A M N E O S E Y S Y N M
R R E D R R V A U G D R N
H T M E E O D S R D O O G
C S V V T O E A H E A R T
B E I E T J C M Y N Q R B
R D D R G E J B X R G V Y

Hebrews 13:11-12

S U S E J R T T J M B M L
Y Q P R G S U F F E R E D
L E W R J N Y N B Q G G L
O W C Y I T I L D A A L R
H Q A A I E O R N T K L Q
P T R C L O S I E T S E N
T P R Z D P M T S F L I N
K K I J Y A N O D P F N N
H L E N L D M T O D L O X
B I S S J T R E Z Y Z D N
R X G Y J R P R Y Y L G L
B R R H Z W T J N T K T T

Hebrews 13:14-15

S N W Q Z Y Y Q W J Y D G
A A G V J R Q N J L N B N
C M R O E R N P L Y G T T
R E D F D N Y A W N M Y E
I T F E N D U R I N G R Q
F O H L L N M K Y K E T G
I J J R I I O Q Y H M X E
C D E T O O P R O F E S S
E C N S L U T S Y L I B Q
N O O Y U I G T G A X J B
C T L M U S I H R G G J Q
N T Z R E C L P T L L Z T
N R F T J P Y R Y R D N X

Hebrews 13:20-21

P T V R K G B S M D R N E Q T
L S M Y R B T K H M M C W H V
E N H N L E R X M E A X G L M
A M D E G B T N W E E I P D G
S M D Y P C K E P W S P O W T
I V Y G N H O Y R L E O D H T
N W R T R R E V N N L O G Q L
G J O M J R P R E B A U U S R
R G N R G M B N D N O L U I G
E R L B K J L T D R A S P Z P
A L J Y X I T J B G E N D Y D
T L Q J V J N Q J J G R T A R
Q G L T R N K G Q D O D E Y L
L B Y L D D B J X L O D D B J
K X M B B Y J M Z T D Q L B M

James 1:25

Y L L U F E R A C
S K F Y S H P Y T
S O G O E E E R F
E O M A R D T S Z
L L R F O G Y S Y
B D E I W A E G D
R C N B S A O T T
T G X R K D L R P

James 2:12-13

S E N L T U O H T I W
H F S G O I N G T R Q
P D R U G Y S B D D L
M E A E A P N W O H S
U G D N E C Y C R E M
I D R A Y D E O V E R
R U K W T O O B Q V P
T J A K V C N M R T P
D L T L L Z A E R G J

1 Peter 1:18-19

S E M P T Y M D Y D
I S A V E O T J I S
N L M W S J E A U S
L C A N S U P O S D
E H A M L I I E O B
S R G A B C L O M D
S I V G E T L V L T
L S G R O B G I E T
D T P P M L P O F R
N N S D K M D V D E

1 Peter 1:23

Q B W M K N X N V N L T
U Y G T R V Q J K A Y M
I L I V I N G Z N Z T R
C L W R P D R R Z W E D
K T I O M Z E M D V W D
L M T F R T G S E N O M
Y P L N E D E R B G K K
A G A I N M O T R O D D
K R S Z O F J Y M N R W
Z Z T C Q N Y V E L E N
M M X Z R M B Z Z N R Y

1 Peter 2:16-17a

L H V N L J X G X X N Q
I E O E V I L O R P M D
V Q L N N L D D L P Z C
E T M P O K Y K J M O S
V E J O O R P R Q V T W
L Z V V D E K R E N L U
D D Z E G E P R A M S R
K B Z B R T E V M I B M
V N J M Y Y R R N W W T
M J P T Q E O G F B M D
D Q Y Y S T T N M W V N
X J M R J Z Z Y E B N W

1 Peter 2:24-25

P M Z T X Q Z W D K K N Z R X
R W L J R N D E J Z R L S D N
T J D R V Q N M Y L B S M V B
S X D R Y R Y A N Y E O M Y B
H H L N U L R W N N J B D K D
E D E T W T N A S W T L P Y R
A R E P S B I U S O U L S M B
L R R A H D O S I N S F E K Z
E P X T R E W K X V X R R D B
D M R A T S R O Y X O B B E S
T X U H E M H D U B Y Y X S E
N G G V G Q R E Y N L Y O J X
M I I Y V N K Y E K D R N T R
R L L R M B P Q D P C S R Q J

1 Peter 5:10

S S N K J V E F N G N
T H T Q I L A R I O K
R A P S T N D F I R T
E R R T U E D T T S M
N E I E L F A N I E T
G L T L S D F R E R R
T L A E N T H E O S S
H C O U R C O P R U S
E G O R R N P R S E K
N F O B Y U A E E D D
M Y B D S R J L J L N

2 Peter 1:2-3

G E V E R Y T H I N G
O R C M D E R D E E N
O J Y N C E E O G W N
D D E A A N L D L L K
N E E S I D E L T G J
E P C V U L N P A N L
S D I A W S O U E C Y
S D R O R W G V B J P
R N N O E G I O T A Y
N K G R L G N T D T D

2 Peter 1:4

E N A B L E E R U T A N
C P R O M I S E S Z C R
N D S B E X G G N O Y K
E E D U J P L I R B T T
L S I T O O A R V A Y R
L I V H R I U C E E E Z
E R I Y U P C R S R N D
C E N B T M G E A E R W
X S E I V R A H R V T Z
E Y O P Z Y S N L P R X
M N M X L N J R L R N L

2 Peter 1:10-11

C E R T A I N T J S P M B
S C R B J P N T R E O M E
A J H D R E R E J D S C D
V T X R G O T A G R N U M
I Y Y I I S T N C A R X S
O J L B I S I H R T E X L
R I V S J K T T E L I A D
D C A L L I N G B R N C B
L D H Z D E Z M Z R S Z E
O N M O T R U N E V E R T
R B R K I T X T R N Q Q Y
D B J P S C E R M W Y X L
L L D M R T E V T D R T G

2 Peter 2:20

N T G N I N N I G E B
E O W K G W R Z N P R
M C I G N O O T Q E K
O H D T I O A R S X N
C R T V P N W C S S K
R I A W G U A I U E W
E S L L O P R S N X D
V T E O E R E R Q G V
O D M D R J L N O M V
J M N R N D Z D D C X

1 John 1:1b-2

R Y E I T S E L F N R M
P E L T D Y R B Y D T T
R S V K E E M F N O W T
O E N E H R I T L T V J
C E W T A T N D Z B R M
L N A I S L E A W O R D
A F X E T N E K L I F E
I T T X O H T D R J N M
M R D P M N P L Q T Q T

1 John 2:1

R I G H T E O U S V Y B L Q
A R C K T T N G F A T H E R
D D R H S H N T S H T T D B
O D V I I I E U H D A M Q K
E Q R O T L S S X I Z V V L
S H L I C E D W E E N K E Q
C W R I J A N R N L Q G K W
W W D L T J T O E L L J S L
J L Q M Q T Y E Q N D J T G
G G L Y W N L S I N T B N Q
N G R Q A T X E L X G K G M

1 John 2:24-25

R B P T G L Y Y L W M G
Y T D R M W J D D N N P
P R X Q O Y L P G I N T
H E A R D M R V N O T W
V N E T T E I N S E Q N
N N A T H M I S D M E E
L H L T E G L I E H D R
W I A E E R B Z T A T K
L F F B T A N D M R T W
G R M E N Y R A T N X R
L Z K G J Y P T L M J L

1 John 3:2-3

E K N O W W Y D R G
V C H I M S E L F D
E J H T P V K D O S
R U M I O M E G E J
Y S S L L R L I K E
O T E E A D F E P Q
N B E E T I R O G Z
E E P D R U H E B R
S P M U P L N Z N Q
A B P K J L Z Q J R

1 John 4:9-10

W S T H R O U G H N D Z
O N A B R T J Z O T T G
R D O C R E Q S S E N T
L T Y N R G V D X I Q Q
D Y W Y L I B E N P M Z
S Y T L P Y F O A T R E
I R R Y J T T I D L V J
N Y Z T Q A B O C I E Y
S Y L O V E G G L E R D

1 John 4:13-16a

T L S D S Z F T Q L D Z W T
N O L A B P Y A S G J Z B N
T V B K V J I S T W O L Y M
E E Y E L I E R D H Q D M Y
S T M R L F O L I Y E S O N
T W W K N I W R X T T R Q Y
I K O O J N E A T R N Z N P
F N C R S T L V B E M E L D
Y O N U L L Z M E I V D J Q
X W S B B D X S X I D R T M
R E W V R Z R V G K L E X X
J Y B T N J L D M W V K X Y

1 John 5:4-5

S U S E J W T T M T G M T K
T Q Z N Q B E K T O Q H Q A
P Q V X T L T B D R R V G B
J D D D T N Y D D O I A E Q
D Z L T P R T P U C I L R B
L E A R E J N G T N I D M K
I B F V O T H O S E K M A D
V H E E D W R T V L Y C N N
E Y T B A Y Z E V L H J B J
D L Z I K T T V Z I P N W N
J L L D A M S Z E J M V I M
K D I K D F G V L T K M B W
V J D H K Y E G B W Q K G L
N D L B C R X Y K J B W R J

1 John 5:13-14

S A D E W W S L A W G J
S W N O M G I C N R Q V
E E N Y N A C L E X Z D
N K V I T O N T L M Y Q
D S H E R H E W W R B T
L T R D I R I R L I F E
O L I A N L I N S J T D
B N S A E T E O G Q K D
G K L X E H N B D O G M

1 John 5:19-20

U N L A N R E T E Q L G K
Z N E S B Y B R Y E S W R
X Q D R E Q R G Z U O O E
J N R E D I Q L Q R P L N
P K J Q R L L R L T O G D
R E D N U S I D T H O V P
G L L B X E T H W D V O Z
N I M L M R D A C K W X M
N V V O I D D X N E V M B
X E C E Q F W Y R D M B N
Y Y N T N R E O R W I N R
X T K R D V N M N K M N X
Z T K P M Q R D R K J B G

Revelation 1:5b-6

K S R N L D Y L Q T
I D T W R R O E Y S
N E G S O V V O I Z
G E B L E R D N L F
D R G S E I S B A B
O F O S R R R T T R
M B D E R A H P E Z
V Y W D Q E M V D L
K O L A R D E E B Y
P J P M G M D B N Q

Revelation 1:18b-19

F Y D T W B W R I T E M
E O K M E Z P H A V E T
K Q R H S L W M T Q V Y
A M O E A E N W D W Z R
T L A C V Z D Z M D G Q
D T E L G E G A E Y N D
D N H Y I Y R A H R R V
I W E I L V T M S Y E K
E R K E N H E T O V T V
D Q Z M S G L B B R D K
N M B V Y Z S D Z T E Y

Revelation 3:11-12

S E J S N E Z I T I C
N U M E L C Y N P L D
H T O A R J O I O L T
N E L I N U L M O O J
E W A E R L S H I Z S
N L O V A O W A W N Y
E D P R E V T R L T G
V O S M C N E C I E R
E W D L E Q R C I T M
R N B O T T D W Y V E
Z R R D G J V M R T M

Revelation 17:14

F K I N G T L T L
B A R S A G O L T
M T I E E G W S A
A C F T E N N Y D
L E H T H I O E M
D D H O A F L T L
D E W G S L U O V
R X A B A E R L Y
Y M R C Z D N X M

Revelation 21:5a, 6

E T H I R S T Y R B R Z
J V J S R A A R E T A W
S E E L G G H G D F N M
I N Q R E N I P I L Z T
T O Y M Y N I N L M Y X
T R O L N T I R A A T W
I H J I E S H K P G B X
N T N F H E I I I S J M
G G I E N N R V N W E N
X L D D G Z E F L G N B

Revelation 22:17

S C D R R T Y K T B
E O T T E T F A R G
H M I R S T K I P Z
S E R R T E A L G B
I D I B B B B W X Y
W H P F R H E A R S
T L S I R F O K P W
T Z D Z I E V N L N
D E D L P W E N E N

ALSO AVAILABLE

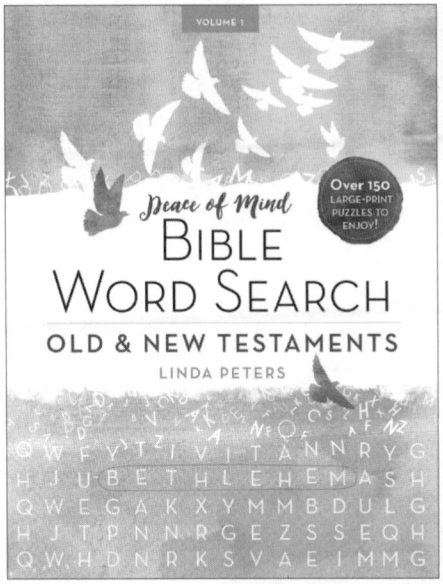

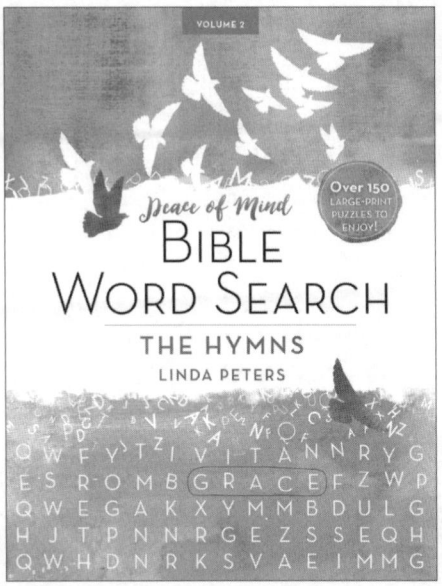

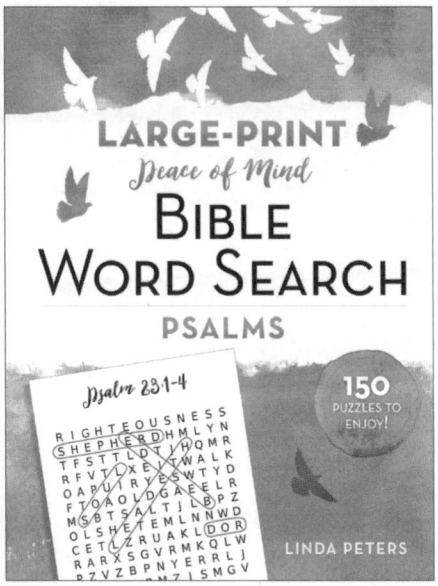

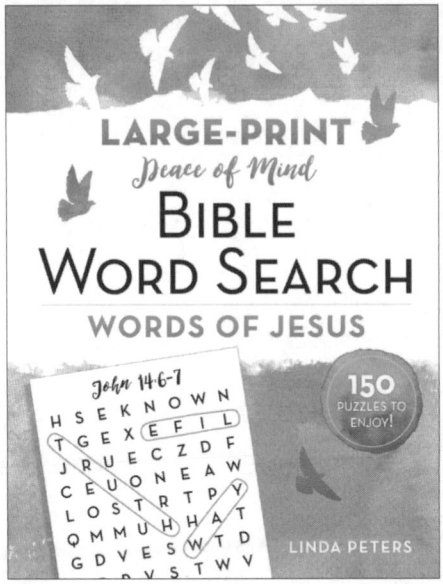

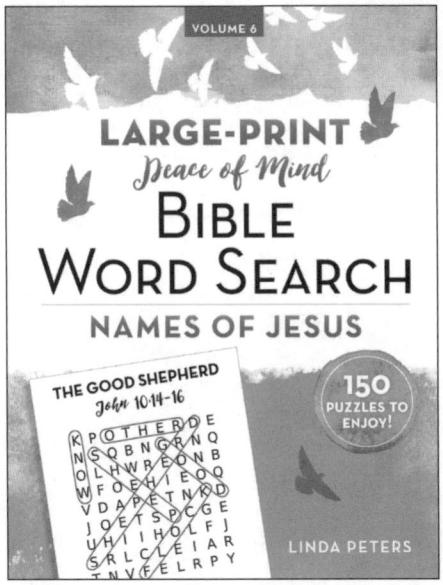

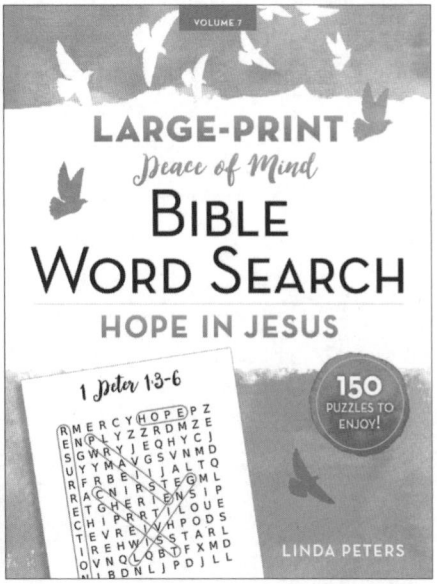